中国乡村振兴与治理人才素养提升培训丛书

讲解艺术与实践丛书

乡村旅游讲解员素养提升教程

刘立成 袁秋菊 陈黎 / 主编

华中科技大学出版社
http://press.hust.edu.cn
中国·武汉

图书在版编目（CIP）数据

乡村旅游讲解员素养提升教程/刘立成，袁秋菊，陈黎主编．—武汉：华中科技大学出版社，2023.2
 ISBN 978-7-5680-9199-2

Ⅰ．①乡… Ⅱ．①刘… ②袁… ③陈… Ⅲ．①乡村旅游-讲解工作-中国-教材 Ⅳ．①F592.3

中国国家版本馆CIP数据核字（2023）第027692号

| 乡村旅游讲解员素养提升教程 | 刘立成　袁秋菊　陈　黎　主编 |

Xiangcun Lüyou Jiangjieyuan Suyang Tisheng Jiaocheng

策划编辑：周晓方　宋　焱
责任编辑：江旭玉
封面设计：廖亚萍
责任校对：张汇娟
责任监印：周治超

出版发行：华中科技大学出版社（中国·武汉）　　电话：（027）81321913
　　　　　武汉市东湖新技术开发区华工科技园　　邮编：430223
录　　排：华中科技大学出版社美编室
印　　刷：武汉开心印印刷有限公司
开　　本：787mm×1092mm　1/16
印　　张：11
字　　数：240千字
版　　次：2023年2月第1版第1次印刷
定　　价：49.90元

本书若有印装质量问题，请向出版社营销中心调换
全国免费服务热线：400-6679-118　竭诚为您服务
版权所有　侵权必究

前言

2021年12月,《国务院关于印发"十四五"旅游业发展规划的通知》提出,旅游已经成为小康社会人民美好生活的刚性需求,成为传承弘扬中华文化的重要载体,成为促进经济结构优化的重要推动力,成为践行"绿水青山就是金山银山"理念的重要领域,成为打赢脱贫攻坚战和助力乡村振兴的重要生力军,成为加强对外交流合作和提升国家文化软实力的重要渠道。

党的二十大提出,要全面推进乡村振兴,发展乡村特色产业,拓宽农民增收致富渠道。乡村旅游是旅游业的重要组成部分,对于全面推进乡村振兴具有重要意义。党的十八大以来,我国政府高度重视乡村旅游工作,强调立足特色资源,坚持科技兴农,因地制宜发展乡村旅游、休闲农业等新产业、新业态。新征程上,我们要充分认识做好乡村旅游工作的重要性和紧迫性,更好地推动乡村旅游发展。

发展乡村旅游,离不开培养乡村旅游讲解员这项工作。本书基于以上现实背景,从职业道德、社会公德等角度阐述乡村旅游讲解员的主要工作内容和要求,旨在为乡村旅游讲解员的素养提升提供借鉴和参考。本书期望实现如下目标。

一、知识目标

通过本书的学习,学习者能对乡村旅游文化有基本的了解,掌握乡村旅游讲解员的主要工作内容,知晓乡村旅游讲解员的基本素养。重点是学会如何加强乡村旅游讲解员的道德修养,学会如何加强乡村旅游讲解员的礼仪修养,学会如何增强乡村旅游讲解员的讲解词撰写能力,学会如何加强乡村旅游讲解员的演说能力培养,学会如何提升乡村旅游讲解员的沟通和理解能力,学会如何加强乡村旅游讲解员的表演修养,学会如何加强乡村旅游讲解员的营销能力。

二、能力目标

本书能引导学习者理性地看待乡村旅游活动中的各种现象和矛盾，学会换位思考，多角度地看待问题。本书中的案例讲解能开启学习者的思维，使学习者主动追求乡村旅游讲解智慧，积极投身于乡村旅游的各项实践活动。

三、素质目标

本书能引导学习者全方位提升自己，通过不断学习和实践，使自己具有良好的敬业精神和职业道德素质；具有诚实守信、爱岗敬业、吃苦耐劳、踏实肯干、团队合作、沟通表达等职业精神；具有团队意识，能清楚明了地表达意见和传播信息，面对特殊情况时能沉着冷静地化解矛盾。

本书由刘立成教授提出纲目、最后统稿，陈黎老师参与统稿。本书撰写者如下：前言（刘立成、范沅昆）、第一章（刘立成）、第二章（姜帆）、第三章（余海潞）、第四章（杨娇）、第五章（杨婷）、第六章（王天奇）、第七章（陈黎）、第八章（张谦晗）、第九章（汪晓斌）、第十章（刘立成、权建秋）。学生刘洋帆、刘子君、姚紫如、林利贵、刘珊珊、李馨月、龙德洋、陈欣、唐炜桓、宋智恒、王情、南星子、聂玉冰、袁传举、王学青、黎康、王秀丽等参与了研究和部分素材收集、初稿材料提供工作。平顶山学院和汉口学院各级领导和同事给予了大力支持，华中科技大学出版社相关编辑给予了帮助。特此致谢。

本书在编写过程中使用了部分文字、图片、视频资料，在此向这些资料的版权所有者表示诚挚的谢意！由于客观原因，我们无法联系到您，如您能与我们取得联系，我们将在第一时间更正任何错误或疏漏。

编者

2023 年 1 月

目 录

第一章 乡村旅游讲解员概说 …………………………………………………（1）
    第一节 乡村旅游讲解员的起源 …………………………………………（1）
    第二节 乡村旅游讲解员提升素养的基本路径 …………………………（2）

第二章 乡村旅游讲解员的传播素质 …………………………………………（7）
    第一节 乡村旅游讲解员传播素质理论 …………………………………（7）
    第二节 乡村旅游讲解员传播素质的基本维度 …………………………（8）
    第三节 乡村旅游讲解员传播素质数据分析 ……………………………（14）

第三章 乡村旅游讲解员的道德素养 …………………………………………（20）
    第一节 乡村旅游讲解员的政治品德 ……………………………………（21）
    第二节 乡村旅游讲解员的社会公德 ……………………………………（23）
    第三节 乡村旅游讲解员的职业道德 ……………………………………（26）
    第四节 乡村旅游讲解员的个人美德 ……………………………………（30）

第四章 乡村旅游讲解员的礼仪素养 …………………………………………（35）
    第一节 乡村旅游讲解员的接待礼仪 ……………………………………（35）
    第二节 乡村旅游讲解员的仪表礼仪 ……………………………………（53）
    第三节 乡村旅游讲解员的形体礼仪 ……………………………………（67）

第五章 乡村旅游讲解员的写作素养 …………………………………………（74）
    第一节 乡村旅游讲解员的解说词撰写要求 ……………………………（74）
    第二节 乡村旅游讲解员解说词素材积累 ………………………………（79）
    第三节 乡村旅游讲解员解说词中心的确定 ……………………………（80）
    第四节 乡村旅游讲解员使解说词出彩的技巧 …………………………（82）

第六章 乡村旅游讲解员的演说素养 (87)
第一节 乡村旅游讲解员的语音和发声技巧 (87)
第二节 乡村旅游讲解员的即兴表达技巧 (97)
第三节 乡村旅游讲解员的美学修辞技巧 (105)

第七章 乡村旅游讲解员的讲解素养 (110)
第一节 乡村旅游讲解员的聆听技巧 (110)
第二节 乡村旅游讲解员的沟通技巧 (113)
第三节 乡村旅游讲解员的引导技巧 (122)
第四节 乡村旅游讲解员的分析技巧 (127)

第八章 乡村旅游讲解员的表演素养 (132)
第一节 乡村旅游讲解员的表演意识 (132)
第二节 乡村旅游讲解员的表演技巧 (134)
第三节 乡村旅游讲解员的表演控制 (138)
第四节 乡村旅游讲解员的表演方式 (140)

第九章 乡村旅游讲解员的营销素养 (145)
第一节 了解乡村旅游市场需求 (145)
第二节 理解乡村旅游营销的现状与问题 (147)
第三节 乡村旅游营销技巧 (149)

第十章 乡村旅游讲解员实战案例 (160)
第一节 光明村乡村旅游讲解员的销售案例分析 (160)
第二节 以解通人——以南庄村旅游讲解员刘素珍为例 (163)

参考文献 (168)

第一章
乡村旅游讲解员概说

第一节 乡村旅游讲解员的起源

一、讲解员的由来

公元前 460 年，在《哈利加诺思的希罗多德》(*Herodotus of Halicarnassus*) 一书中，就有关于埃及金字塔的导游辛勤工作的记载。1920 年，伊诺·米尔在他的著作《一个自然导游的探险》(*Adventures of a Nature Guide*) 中，首次运用了解说 (interpret) 一词，描述了他在洛基山中的导游讲解工作。1957 年，被誉为"解说之父"的费门·提尔顿出版了著作《解说我们的遗产》(*Interpreting our Heritage*)，丰富了解说在历史、艺术、心理以及自然等各方面的内涵，这标志着早期所有解说者在解说职业生涯中迎来了现代的第一个里程碑。中国最早倡议提供讲解服务的，是南通博物苑的创建者张謇。他于 1905 年向清政府建议在京师建设帝室博物馆时，提出"遴派视察员，招待员，用为纠监导观之助"[①]。

从国内外的研究来看，讲解工作是博物馆、艺术馆和旅游景点日常工作中与观众接触最频繁的工作之一，是随时都在发生的一种教育与传播行为。讲解员如何培养和提升自己的素养，是当今处于变革世界中的每一位博物馆、艺术馆和旅游景点讲解员急需探讨并解决的问题。

二、乡村旅游讲解员的概念

随着乡村振兴战略的推进，以及中国美丽乡村建设的蓬勃发展，乡村旅游讲解员队伍也日益壮大。那么，什么是乡村旅游讲解员呢？

---

① 引自南通博物苑编印的《南通博物苑文献集》(1985 年版)。

乡村旅游讲解员是乡村旅游从业人员队伍的重要组成部分，是乡村旅游业发展的实践者和推动者，也是乡村旅游文化的传播者。乡村旅游讲解员是乡村旅游景区的一个靓丽的窗口，通过乡村旅游讲解员的生动讲解，游客能对乡村旅游景区的文化内涵产生兴趣，收获丰富的知识。

第二节　乡村旅游讲解员提升素养的基本路径

讲解员团队的整体素养可以说是乡村旅游景区的名片，每个乡村旅游讲解员实际上就是一个乡村旅游景区形象的塑造大使，提升乡村旅游讲解员的素养就是提升乡村旅游景区的整体形象。就具体提升路径而言，包括以德敬人、以礼服人、以写引人、以说传人、以解通人、以演动人、以销带人七个方面。

一、以德敬人

作为乡村文化的传播者，乡村旅游讲解员本身就肩负着复兴中华传统乡村文化的责任，其政治立场、社会公德、职业道德、个人美德水平直接关系到其素质水平，因此乡村旅游讲解员首先要做到锤炼自己的道德素质，做到以德敬人。

在政治立场上，乡村旅游讲解员应该做到热爱祖国、忠于党，一言一行都应践行社会主义核心价值观。在社会公德方面，乡村旅游讲解员应该用适宜的谈吐举止向游客受众传播社会正能量，从自身做起，提升乡村旅游景区的水平。在职业道德方面，良好的职业道德是乡村旅游从业人员职业素质的核心，也是旅游业健康发展的重要保证。乡村旅游讲解员职业道德的缺失，不仅会在一定程度上错误引导游客的价值导向和对乡村文化的认知，也会极大地损害乡村旅游景区的利益。在个人美德方面，乡村旅游讲解员的德行是乡村文化传播的底线，其个人的行为代表了团队，是影响乡村旅游景区能否成功被游客接纳的重要因素。

同时，我们还要探索实施以法促德的具体措施，如乡村旅游景区应该建立考核机制和实施上岗前的道德培训，明确奖罚机制，对违反诚信和社会公德的乡村旅游讲解员做出相应的处罚，坚决遏制在旅游服务体系内部出现的不文明、不道德的行为。

二、以礼服人

乡村旅游讲解员的礼仪也是决定游客对乡村旅游景区产生好感的重要因素。因此，提升乡村旅游讲解员的礼仪水平，做到以礼服人，也是十分必要的。

首先，要从乡村旅游讲解员的接待礼仪规范抓起。乡村旅游讲解员的接待礼仪，就仿佛乡村旅游中讲解员和游客交往的序曲，是一种平衡的艺术。需要在见面礼仪的称呼、致意、名片交流、握手、介绍、敬茶、送客等方面予以规范，需要在座次礼仪（如会议座次礼仪、照相座次礼仪、其他座次礼仪、电梯和乘车礼仪等）方面予以规范，避免让游客产生"无礼"或者"失礼"的感觉，进而影响乡村旅游。

其次，要抓好乡村旅游讲解员的仪表仪容的训练和规范工作。在仪表礼仪训练上，乡村旅游讲解员要掌握着装的基本原则、个性原则、和谐原则、TPO原则①，要了解常见的着装误区，西装及领带礼仪，鞋袜的搭配常识，首饰、配饰、皮包的选择和使用规范，各类职业形象的着装方式等。要对乡村旅游讲解员进行着装配色练习，加强自我形象检查与重新塑造。在仪容礼仪训练上，乡村旅游讲解员要掌握着装的规范、发式发型的职业要求、女士化妆与男士面容的具体要领、个人卫生等方面的知识。

最后，要抓好乡村旅游讲解员的礼仪训练。无声语言的核心是体语，也称态势语，是以人的动作、表情、界域和服饰等来传递信息的一种无声伴随语，也是服务接待中广泛运用的重要沟通方式。乡村旅游讲解员的举止礼仪，是其职业魅力的个性化展现，乡村旅游讲解员要基本掌握职场人的举止要求，包括轻稳正原则、TPOR原则②，掌握站、坐、走、蹲的基本要领与禁忌，递物、接物、手势的运用要领，表情规范，眼神的运用与规范，手势规范与训练等知识。

三、以写引人

一篇语言生动、逻辑清晰的解说词，能够快速地让游客进入讲解员设定的场景之中。乡村旅游讲解员的乡土性、代言性等特点，要求其具有较高的解说词撰写水平。要让都市人轻松接受乡村文化的朴实深厚，讲解员需要撰写出优秀的解说词，做到"以写引人"。

首先，在解说词的素材积累上，要注重与中华传统主流文化保持一致，不要涉足低俗的故事传说，应特别注意抵制一些庸俗文化的侵蚀。作为文化的传播者，乡村旅游讲解员一定要具有区分、鉴别的能力和眼光。

其次，在解说词的结构安排上，板块设置要清晰明确，层层递进，让人易于接受。如果涉及历史方面的转场，可以通过典型事物的变迁来实现，比如乡村中建筑的变迁、厨房的变迁等。由小的点带入大的历史变迁，不会显得突兀和生硬。

再次，在解说词的语言处理上，解说词的撰写既要求乡村旅游讲解员具备文学和历史方面的基础知识，又要求他们掌握驾驭语言的艺术，因为解说词不能仅仅停留在书面上，它是要表达出来的，所以，针对不同人群的解说词，处理方式也是不同的。解说词是向游客介绍该景区的文化信息，所以在撰写解说词的时候，乡村旅游讲解员要注意文字的对象感和代入感。到乡村旅游的游客大多是城市白领、学生等对乡村不太熟悉的人，所以在解说词中应该适当加入一些当地方言的解释、当地民俗的介绍和历史变迁等接地气的知识。

---

① TPO原则是有关服饰礼仪的基本原则之一，指的是着装要考虑到时间（time）、地点（place）、场合（occasion）。

② TPOR原则，是有关服饰礼仪的基本原则之一，即着装要考虑时间（time）、地点（place）、场合（occasion）和角色（role）。TPOR原则是前文提及的TPO原则的拓展。

四、以说传人

乡村旅游讲解员要与游客交流互动，这就要求乡村旅游讲解员在语音面貌和思维逻辑上能够达到标准化、体系化标准。语音是外在的，思维是内在的，两个方面有效结合，才能产生生动有趣的解说。这要求乡村旅游讲解员做到"以说传人"。

一方面，乡村旅游讲解员要掌握发声技巧。乡村旅游讲解员应具备二级乙等以上的普通话等级水平，要注意使用口腔与胸腔的联合共鸣，因为解说词大都是流畅平缓的语言，口腔共鸣最接近人们日常说话的声音，其音色自然、质朴、直白，是通俗歌手爱用和常用的一种共鸣方法。胸腔共鸣是最具深情和最大程度表达情感的一种发声方式，它的特点就是低沉浑厚，情感色彩重。乡村旅游讲解员将两种播音发声方式进行结合，既能清楚表达内容，又能加入对历史和乡村景点情怀的寄托。

另一方面，乡村旅游讲解员要掌握一定的解说思维方法。在解说思维上，可使用发散性思维和综合性思维两种思维方法。发散性思维是指沿着各种不同的方向去思考，重组现有的和记忆中的信息，直到产生新信息。美国心理学家吉尔福特认为，发散思维是从给定的信息中产生的，其重点是从同一个来源中产生各种各样的为数众多的输出，很可能会发生转换作用。针对不同景区的状况，以一处现象或问题为中心，围绕清晰的主线和中心文化点，通过多个不同景观来集中论述，这就是解说思维中的发散性思维。著名心理学家霍华德·加德纳在《迈向未来的五种思维能力》(Five Minds for the Future)一书中提到了综合性思维，它指的是把各种分散的事物综合在一起、把知识连贯起来的能力，这种思维可以使这些事物和知识更加有意义，并使之变得可以传达给他人。

五、以解通人

乡村旅游讲解员的素质高低还表现在是否善解人意，是否能够顺利地解答和解决游客提出的问题。乡村旅游讲解员要真正做到以解通人，可以从以下方面做出努力。

首先，乡村旅游讲解员要有足够的聆听、判断能力。参与乡村旅游的受众群体大多是常年在都市生活的人，这类人群之中的一部分人可能有短暂的乡村生活经历，他们的记忆可能停留在过去的某个时期，所以当游客在交流和提问过程中提到对比性的问题和话题的时候，乡村旅游讲解员就基本可以判断问题的性质，在解说的时候注意从变迁和历史对比两个方面进行展开。这就要求乡村旅游讲解员在倾听游客提出问题的同时，注意观察自己解说时游客的反应（表情、眼神、姿态等）。有一部分游客并没有在乡村生活的经历，他们大多通过书籍、影视等媒介刻画出了一幅自己想象的乡村意境画面，所以当游客对讲解的内容一直保持新鲜感，将其与城市生活比较的时候，乡村旅游讲解员就要注意在解说时不仅可以连贯地介绍乡村历史文化，还可以穿插一些乡村生活的趣事。这样可以更大程度地保护游客对田园生活的想象和向往之情。

其次，乡村旅游讲解员要掌握足够的情感沟通技巧。乡村旅游讲解员要特别注意解说时做到真情流露、抑扬顿挫，注意处理语调、语速、语气、重音的问题。总之，乡村旅游讲解员要传达一种信息，即"我十分注意和您的沟通"。

再次，乡村旅游讲解员要善待游客。乡村旅游讲解员要充分运用心理学中的"自己人效应"，通过解说，使游客产生讲解员和游客具有共同的情意、共同的地位、共同的历程、共同的理想等印象，从而拉近乡村旅游讲解员和游客之间的距离，使游客产生共鸣。

六、以演动人

乡村旅游讲解员的一个重要素养还表现在具备一定的表演才能，即乡村旅游讲解员要具备角色带入意识，能使游客迅速进入设定的环境和场景，做到"以演动人"。这种素质主要包括三个方面的才能。

一是语言方面的表演才能。生动传神的解说可以大大增加乡村旅游讲解员和游客的交流感。交流感是游客对于讲解员是否融入交流的主观评价和感受。交流感不仅仅是"我说着，你听着"。交流意识首先指的是受众意识，即乡村旅游讲解员要照顾游客的需要，尤其是心理需要，展开与游客之间的深层次心理互动。其次，交流意识还包括即兴口语表达中的对方意识，即尊重不同的观点，在表达中照顾不同事例和不同观点。准确的交流意识，可以使说话者的思维、情感、态度更活跃，有利于提高即兴口语表达内容的覆盖力，可以加强交流的针对性，改善交流的效果。比如，当解说内容涉及方言的时候，乡村旅游讲解员可以模仿村民用方言打招呼，重现村民的日常生活交流场景，这将具有极大的感染力，会引起很多游客的争相模仿和互动。这样一来，整个讲解气氛就活跃起来了，游客欢乐的情绪也被带动起来了。当解说内容涉及一些场景还原，或者分享有趣故事的时候，讲解员可仿效影视配音来进行场景描述，配合一定的音乐，再加上不同情感音色的转变，这种身临其境的感觉也会大大拉近游客和乡村生活的情感距离。

二是形体方面的表演才能。可以在景区设置情景生活体验区，在体验区里，乡村旅游讲解员可以扮演固定情景中的角色。例如，可以让游客参与农村过节时的"百家宴"的食材制作，在这个情景中，讲解员可以扮演村支书等角色，来协调整个体验旅游的流程。在演绎时，讲解员不必太注重细节的雕琢，可采用舞台剧的演出形式和对白形式，这样就能使大部分游客听清楚对白，看明白舞台剧的剧情。

三是思想方面的角色带入意识。讲解员可以从网友评论足球讲解员中得到启发。有网友称赞足球讲解员能够用声音为人创造独一无二的代入感，一个优秀的讲解员总是有着化腐朽为神奇的魔力。有网友认为中央电视台的苏东老师声音铿锵有力，激情四射，看球赛时，听他的解说总能让人感觉自己的脚在桌子底下闲不住，仿佛自己就在球场边。也有网友评价，贺炜作为中央电视台重要的足球解说员之一，有其独特的风格，江湖人称"诗人"。他的解说里总是夹杂着自己的理解和感慨，他能从一场比赛分析赛季形势，从一脚射门分析球员成长轨迹，贺炜更像是坐在球迷身边看球的好朋友，每一句话都让人无比赞同。

七、以销带人

乡村旅游讲解员的一个很重要但是往往容易被人误解和忽略的素养,还表现在营销能力强,即具有较强的能力,能够推广本地旅游特色、旅游形象、旅游产品和乡村文化,做到"以销带人"。要做到这一点,乡村旅游讲解员需要具备以下技巧。

一是具备一定的营销技巧。乡村旅游景区多设立在名胜古迹或自然环境优美的农村地区,其环境维护和服务秩序等方面会消耗大量的人力、物力,这就要求讲解员在服务、引导游客的同时,推销相关旅游产品和项目,提升乡村旅游形象和服务特色,以带动更多的消费,支撑乡村旅游景区的正常运营。

二是具备一定的广告技巧。乡村旅游讲解员应利用旅游景区自身的优势和特点,在解说中强调乡村生活的绿色性,将乡村生活的幽静与城市生活的喧闹进行对比,突出绿水青山、健康生活的主题,带动乡村有机农副产品的销售,例如有机蔬菜、水果、肉类,既可以让游客在景区内食用,也可以将这些产品做成真空包装的礼盒,以"送礼送健康"等口号,呼吁游客加入这种绿色消费。

三是具备一定的反馈技巧。乡村旅游讲解员在解说景点中用情怀和绿色等主题进行相关产品项目的推销,既为景点拉动消费,又为游客送去健康和愉悦,还能增强游客对景区的好感。最重要的是,这种方式会减轻刻意推销带给游客的反感,让游客更好地接受这些产品。

四是具备一定的创新技巧。乡村旅游景区具有得天独厚的情怀资源,乡村旅游讲解员应利用游客对乡村生活的向往之情,创新性地运用农家乐项目,例如,可突出亲情主题,引导游客自己钓鱼、摘菜做给家人吃,将爱的味道带给家人,以弥补游客在都市快节奏的生活中因没时间陪伴家人而产生的愧疚。这样既给游客提供了和家人增进感情的机会,又为乡村景点的农业、渔业带来不菲的收入。

在新媒体、AR技术、人工智能等科技领域取得重大突破的大背景下,乡村旅游讲解员也应与时俱进,除了提高自身的业务水平和素质之外,还应学习相应的新技术,例如,未来可在乡村旅游业应用AR场景虚拟技术,作为讲解员,就应该了解适用于AR虚拟现实的解说程序,了解其场景的构成设计,讲解员可收集、整理、研究游客对不同场景建筑、不同历史习俗满意和感兴趣的地方,为未来乡村旅游发展提供大数据支持。乡村旅游讲解员可利用新技术为游客提供更加优质的讲解服务,传播中国优秀传统乡村文化,为美丽乡村和美丽中国建设做出新探索和新贡献。

本章小结

本章从乡村旅游讲解员的概念入手,分析了乡村旅游讲解员素养的具体内容,探讨了乡村旅游讲解员素养提升的基本路径。笔者认为,乡村旅游讲解员要具备高尚的职业道德,在工作中以得体的礼仪感染游客,具备撰写优秀解说词的能力,在面对游客开展讲解工作时,多理解、多沟通、多协调,具备营销意识,掌握营销技巧,为游客创造轻松愉快的旅游体验,促进乡村旅游的可持续发展。

第二章
乡村旅游讲解员的传播素质

乡村是具有自然、社会、经济特征的地域综合体，兼具生产、生活、生态、文化等多重功能，与城镇互促互进、共生共存，共同构成人类活动的主要空间。本章从乡村旅游讲解员的传播素质概念出发，通过理论阐述，结合相应的研究方法，提出当前乡村旅游讲解员传播素质的基本维度与测量方法，以便在此基础上有针对性地提升乡村旅游讲解员的服务水平，进一步促进乡村旅游服务业的发展。

第一节 乡村旅游讲解员传播素质理论

解说，翻译自英文 interpretation。最早提出"讲解员"这个概念的是公元前 460 年的《哈利加诺思的希罗多德》（*Herodotus of Halicarnassus*）一书，该书记载了有关于埃及金字塔的导游的工作记录。在公元 2 世纪的时候，罗马人在进行世界旅行时发现了各地解说者的身影。在 16 世纪 60 年代，西方贵族家庭的年轻人在外出旅游时总会有解说人员陪同。世界上广泛认同的解说的定义，主要是 1957 年费门·提尔顿在《解说我们的遗产》（*Interpreting Our Heritage*）一书中所给出的定义：解说是一种教育活动，目的在于经由原始事物的使用，以指示其意义与关联，强调亲身经验和运用说明性方法或媒体，而不仅仅是传达一些事实性知识。

当前，我国学界对于讲解员的研究尚处于初步阶段，研究领域大多集中在旅游管理专业，缺乏延伸和拓展。在旅游管理方面，与讲解员有关的研究又集中在博物馆及相关文创产业的讲解员管理建设层面。研究案例较为单一，研究重复性较突出。讲解员作为面对面与游客沟通交流的人，在人际传播层面的价值可见一斑，将针对旅游讲解员的研究与传播学相关理论知识进行联系，是学科交叉发展的重要体现，具有较大的研究价值。

传播素质的概念来自媒体素养的概念。媒体素养也被称为媒介素养（media literacy），最初由英国学者在 20 世纪 30 年代提出，它指的是在各种情况下取用（access）、理解（understand）及制造（create）媒体信息的能力，它是现代人在生活、工作中必不可少的重要素质之一。笔者认为，"乡村旅游讲解员的传播素质"这个概念，指的就是乡村旅游讲解员在自己的讲解工作中，所表现出来的对于讲解和传播内容的取用、理解和制造的能力。不断强化与提升乡村旅游讲解员在讲解和传播过程中的能力与素养，有助于精准促进乡村旅游行业产业发展，是贯彻实施乡村振兴战略的重要一环。

第二节　乡村旅游讲解员传播素质的基本维度

"传播素质"的概念自2003年由吴廷俊和舒咏平在中国传播学论坛上提出后，学界对于传播素质的研究愈发丰富，尤其是将其与量化研究方法相结合，对传播素质这一概念进行测量，成为学者们关注的重点。通过对"传播素质"这一概念进行剖析，我们能将其分离出不同的维度，以及具体的影响因子，这就将抽象的概念操作化，便于进行后续的测量工作。在这一方面，国内已有不少学者做出了重要贡献。陈先红和杨春燕在《传播素质的概念界定与测量》中，就明确了传播素质的两个构成维度和两个衡量标准。两个构成维度是人际沟通能力和媒介传播能力；两个衡量标准是适当性和有效性。以此为起点，陈先红和杨春燕提出了有关于传播素质的结构维度和测量指标。在这篇文章中，陈先红和杨春燕通过最后的测定，确定了人际沟通的七要素和媒介传播能力的二要素。其中，人际沟通的七要素包括尊重、双向沟通、言语表达、同理心、沟通风格、非言语表达、亲和力，媒介传播能力的二要素包括媒介内容制作和媒介接近。基于该研究进行的测量已经验证了该传播素质模型数据拟合度较好，因此笔者在本书中将沿用这一界定。

同时，由于本章探讨的主要问题是乡村旅游讲解员的传播素质，因此在结合相关理论时，本章也进行了相应的变通与调整。本节内容将依照上述理论模型设定的两个维度展开论述。

一、人际沟通能力

乡村旅游讲解无论从本质还是从范围来看，都属于典型的人际传播。无论是出于人际传播本质的需要，还是从传播素质理论模型出发，人际沟通能力都是必不可少的测量维度。什么是沟通能力？美国学者特伦霍姆和延森给出的定义是，沟通能力是一个人以有效而得体、相宜的方式进行传播的能力。换言之，将人与人之间的交流沟通做得适当且有效成为评判人际沟通能力的重要标准。可以看出，人际沟通能力是一个复杂的概念，它可以从人的特质、关系情景、能力过程、外在表现等多个角度进行定义。而在人际沟通能力的结构方面，不少学者都曾做过相关研究。在我国，有学者认为，人际传播能力包括三个因素，即语言表达、非语言表达以及倾听。根据学者们的研究结果，结合乡村旅游讲解员的传播活动与过程的特点，笔者整理出了以下七个人际沟通能力方面的影响因素。

第一是言语表达。乡村旅游讲解员的传播活动以讲解为主，这就意味着其传播过程包含了大量对语言的运用。良好的语言表达往往要求讲解员在进行相关旅游内容的讲解时，能够做到用词准确、表述流畅、口齿清晰等言语层面的要求。

第二是非言语表达。乡村旅游讲解员在进行相关内容讲解的过程中，除了使用语言，也会使用非语言进行沟通。非语言沟通（nonverbal communication）指的是使用除语言符号以外的各种符号系统，包括肢体语言、副语言，利用空间以及沟通环境等进行沟通。在沟通中，信息的内容部分往往通过语言来表达，而非语言则作为提供解释内容的框架，来表达信息的相关部分。讲解员在讲解过程中使用肢体动作、表情神态、语调语气等方式表现讲解内容，这些都属于非言语表达。

第三是倾听能力。传播是双向互动的交流过程，因此对于乡村旅游讲解员而言，在人际沟通能力方面同样需要有关于倾听能力的考量。讲解员通过倾听游客的需求，得到游客的反馈，增进对游客的了解，才能更好地提高自己的传播能力。

第四是同理心。同理心（empathy），亦译为"设身处地理解""感情移入""神入""共感""共情"，指的是心理换位、将心比心，即设身处地地对他人的情绪和情感进行认知、把握与理解。讲解员在开展讲解工作时，需要理解游客的想法和行为，以及游客的真实需求，从而改善讲解服务能力。

第五是冲突处理能力。在旅游讲解服务中，往往会出现突发状况，当讲解员的讲解工作遇到突发状况时，讲解员要快速与工作人员协调，解决这类冲突。懂得随机应变是讲解员应该具备的重要能力之一。

第六是双向沟通能力。人际传播属于有来有回的双向互动过程，讲解员的讲解工作亦是如此。他们需要与游客进行有效的沟通，了解游客的需求，及时根据游客需求调整讲解内容，提高传播能力。

第七是沟通风格。所谓沟通风格，指的是讲解员在进行乡村旅游讲解工作时的相对稳定的传播风格。例如，某些讲解员在讲解时呈现出较为自信、张扬的风格，某些讲解员则展现出内敛、含蓄的传播风格。沟通风格的不同也彰显了讲解员不同的人际沟通能力。

二、媒介传播能力

除了人际沟通能力，媒介传播能力同样是影响传播素质的另一个重要维度。然而，由于媒介传播能力关注的重点往往是"人—媒介—人"这样的传播框架，其与乡村讲解传播过程中"人—人"的传播框架有着较大的出入，这种出入主要体现在有关于媒介的运用上。通过实地观察，我们可以发现，乡村旅游讲解员在讲解过程中，由于场地和基础设施的局限，对于媒介的综合使用和利用实际上远远不够。因此，在测量媒介传播能力这一维度上，考量的影响因子会相应简单一些。

首先是媒介接近的素养和能力。"接近权"或者"受众传媒接近权"（the right of access to mass media）是指大众，即社会的每一个成员，皆有接近、利用媒介发表意见的自由。换言之，其指的是乡村旅游讲解员在讲解过程中利用媒介为本职工作服务的能力。例如，将旅游讲解与新媒体技术相结合，以及景区不少地点出现的二维码自主讲解服务，都使得讲解员可以将事先录制好讲解内容服务于游客，而不必长时间重复工作。

其次是媒介内容制作的能力。大众媒介传播能力在广度和深度上都具有无可比拟的优势，在如今大众媒介日新月异、不断发展的情况下，利用大众媒介的优势，将其与当地乡村旅游讲解传播相结合，有助于打造出独特的乡村旅游品牌。在这样的背景下，乡村旅游讲解员同样需要掌握媒介内容制作的能力，才能利用其他媒介去提升旅游讲解工作的效率。

三、乡村旅游讲解员传播素质的测量

根据上文对于具体影响因子的探讨，笔者设计了关于两个维度的具体测量指标（见表 2-1 和表 2-2）。

表 2-1　乡村旅游讲解员的人际沟通能力维度和指标

维度	指标
言语表达	讲述旅游内容的来龙去脉（ICC1_1） 准确清晰地解释相关旅游概念（ICC1_2） 讲解时重点突出、简洁易懂（ICC1_3） 思路清晰、表达连贯（ICC1_4） 讲解连续（ICC1_5） 词汇选择（ICC1_6）
非言语表达	语速、语调和语气（ICC2_1） 小动作（ICC2_2） 目光交流（ICC2_3） 身体姿势（ICC2_4） 面部表情（ICC2_5）
倾听能力	不随意打断游客说话（ICC3_1） 不故步自封（ICC3_2） 不分心（ICC3_3） 以点头、微笑回应游客（ICC3_4） 适当的提问（ICC3_5）
同理心	换位思考（ICC4_1） 了解游客的深层意思（ICC4_2） 理解游客的潜在情绪（ICC4_3） 深入地交流（ICC4_4） 关心游客的问题（ICC4_5）

续表

维度	指标
冲突处理能力	冲突中语音语调的控制（ICC5_1） 冲突中情绪的控制（ICC5_2） 勇于承担错误（ICC5_3） 能从游客角度分析分歧（ICC5_4）
双向沟通能力	主动了解游客的想法（ICC6_1） 优先给游客表达的机会（ICC6_2） 双向公开的沟通（ICC6_3） 听取不同的建议（ICC6_4）
沟通风格	不隐藏自己的真实看法（ICC7_1） 不高高在上（ICC7_2） 以对方易接受的方式讲解（ICC7_3） 自信（ICC7_4） 攻击或不合作（ICC7_5）

表 2-2　乡村旅游讲解员的媒介传播能力维度和指标

维度	指标
媒介接近的素养和能力	媒体互动（ML1_1） 媒体活动参与（ML1_2）
媒介内容制作的能力	微博（ML2_1） 微信（ML2_2） 集体协作（ML2_3） 媒体投稿（ML2_4）

根据以上内容，笔者编制了乡村旅游讲解员传播素质测量调查问卷，具体内容如下。

乡村旅游讲解员传播素质测量调查问卷

您好！本问卷是为测量乡村旅游讲解员的传播素质而编制的。问卷共分为三个部分，第一部分是您的个人信息，第二部分用于测量您的人际沟通能力，第三部分用于测量您的媒介传播能力。题目无对错之分，请根据自己的真实情况自行选择。感谢您的认真作答。

一、个人信息

1. 您的性别：男（　　）女（　　）
2. 您的年龄：18 岁以下（　　）　　18～30 岁（　　）
　　　　　　　30～50 岁（　　）　　50 岁以上（　　）
3. 您的学历：小学及以下（　　）　　初高中（　　）
　　　　　　　中专/大专（　　）　　大学本科（　　）
　　　　　　　硕士（　　）　　　　　博士及以上（　　）

二、人际沟通能力

编号	具体描述	从不这样	很少这样	有时这样	经常这样	总是这样
1	能完整地讲解一个旅游景点或事物的来龙去脉					
2	能够准确清晰地解释当地旅游景点或事物的具体概念					
3	在向游客讲解时，往往能够做到突出重点、清晰易懂					
4	在向游客讲解时，讲述流畅，思路清晰					
5	在向游客介绍景点时，能够持续进行交谈					
6	在向游客讲解时，能够快速、准确地找到词汇表达自己的意思					
7	在讲解时，能很好地把握语调、语速与语气					
8	在讲解时，能够合理用肢体动作解释自己的讲解内容					
9	在讲解时，常常会出现一些小动作，例如抓痒、撩头发等					
10	在与游客谈话时，能与游客进行真诚、友好的目光交流					
11	在与游客交流时，常常以表情表达自己的情绪，面部表情丰富					
12	倾听游客说话时，不会随意打断游客，会等游客说完再给予回应					
13	认为自己懂的旅游知识比游客多，在向游客讲解时以输出为主					
14	在向游客讲解时，会出现分心或注意力不集中的情况					

续表

编号	具体描述	从不这样	很少这样	有时这样	经常这样	总是这样
15	在与游客交谈时,会以点头、微笑等鼓励性行为回应对方					
16	会出现向游客提问的情况					
17	当自己与游客意见不一致时,能够理性地进行回应					
18	与游客发生冲突后,仍然会保持一贯的语气和语音、语调					
19	在讲解时,发现自己犯了错误以后,能够勇于承认					
20	发生冲突后,会站在游客的角度解决问题					
21	在与游客交谈时,遇到不清楚的情况,会主动深入了解相关问题					
22	与游客交谈时,不仅能够理解其话语的表面意思,也能理解对方潜在的情绪					
23	很容易与游客进行深入的交流					
24	会主动了解游客的需求和想法					
25	在开展旅游讲解工作时,自己主动介绍比较多,游客提问比较少					
26	讲解时,总会留出为游客解答问题的时间					
27	常常会听取游客的意见,然后提升自己的讲解能力					
28	在讲解时,一般是有什么说什么,不会掩盖自己的真实想法					
29	与游客沟通时,不会给人高高在上或专横的感觉					
30	会针对不同的游客调整自己的讲解方式,从而找到不同游客最能接受的讲解方式					
31	讲解时的一举一动都给人留下很自信的感觉					
32	会给人一种攻击性强或不易相处的感觉					

三、媒介传播能力

1. 会使用多媒体进行旅游讲解。
   总是这样（　　）　　经常这样（　　）　　有时这样（　　）
   很少这样（　　）　　从不这样（　　）

2. 会结合新媒体进行旅游讲解。
   总是这样（　　）　　经常这样（　　）　　有时这样（　　）
   很少这样（　　）　　从不这样（　　）

3. 使用的多媒体功能有哪些？
   视频（　　）　　音频（　　）　　动画（　　）
   h5（　　）　　AR/VR（　　）　　其他：_____

4. 会使用哪些新媒体进行旅游讲解？
   微博（　　）　　微信（　　）　　抖音/快手（　　）
   其他：_____

5. 会结合微博提供旅游讲解服务。
   总是这样（　　）　　经常这样（　　）　　有时这样（　　）
   很少这样（　　）　　从不这样（　　）

6. 会结合微信公众号平台提供旅游讲解服务。
   总是这样（　　）　　经常这样（　　）　　有时这样（　　）
   很少这样（　　）　　从不这样（　　）

7. 会结合抖音或快手等短视频平台提供旅游讲解服务。
   总是这样（　　）　　经常这样（　　）　　有时这样（　　）
   很少这样（　　）　　从不这样（　　）

第三节　乡村旅游讲解员传播素质数据分析

一、传播素质的研究和测量

此次研究以乡村旅游讲解员为研究对象，借助实验调查法来研究乡村旅游讲解员的传播素质。此次共计回收79份问卷，问卷主要采取线上发放的形式，由于填写的人数具有不确定性、随机性，因此可以将本次抽样看作一次随机抽样。

问卷基本信息整理如下。

（一）男女比例

本次抽取的样本中，男性15人，占比约18.99%；女性64人，占比约81.01%（见图2-1）。

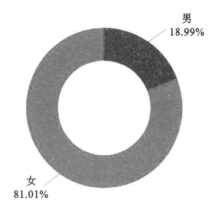

图 2-1　男女比例

（二）年龄情况

样本中，年龄分为 4 个层级，分别是 18 岁以下、18～30 岁、30～50 岁以及 50 岁以上。样本主要集中在 18～30 岁这一年龄层，占比达 63.29%，30～50 岁、18 岁以下、50 岁以上三个年龄层占比呈递减趋势，依次占比 29.11%、5.06% 以及 2.53%（见图 2-2）。乡村旅游讲解员主要以青年人为主。

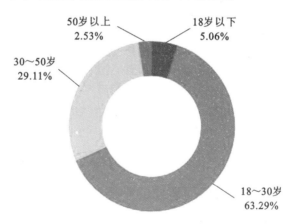

图 2-2　年龄情况

（三）学历情况

样本中，中专/大专学历 47 人，占比 59.49%，大学本科学历 25 人，占比 31.65%，硕士和初高中学历各 3 人，各占比 3.8%，小学及以下学历 1 人，占比 1.27%（见图 2-3）。乡村旅游讲解员主要以中专/大专学历为主。

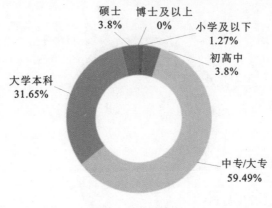

图 2-3　学历情况

二、传播素质分析

（一）言语表达方面，女性的言语表达能力更强、更稳定

人的大脑可分为左侧大脑半球和右侧大脑半球，两个大脑半球之间由胼胝体连接。左半脑负责抽象思维、逻辑运算，右半脑负责知觉、艺术欣赏等。左脑控制抽象思维，右脑控制形象思维。女性连接两个半脑的胼胝体的体积大于男性，左右脑之间的连接更密切，因此生理条件决定了女性言语表达能力优于男性。此次研究数据也证明了这一点。首先，通过观察测量讲解员言语表达因子的六个问题，我们可以发现：女性每个问题的平均得分皆高于男性，且问题标准差也皆小于男性，数据离散程度更为稳定；女性有关于言语表达的问题回答多为"经常这样"，这说明女性的言语表达能力较好。其次，通过对比六个问题的"从不这样"这个选项，我们发现，男性占比明显高于女性，男性每道题占比都在20%以上。在传播素质方面，女性的言语表达能力优于男生，言语表达能力更稳定。

（二）学历对于讲解员传播素质的影响较小

学历多指人们在教育机构中接受过的科学文化教育与技能训练的学习经历，学历等级由低到高，依次为小学、初高中、中专或大专、本科、硕士、博士等。学历代表个人曾经接受过的最高级别的教育，代表过去的知识水平，但它无法代表讲解员言语表达能力等传播素质的好坏。在随机发放问卷的情况下，我们研究了79位讲解员。这些讲解员学历不同，其中中专/大专学历占比接近六成，本科学历则占三成以上。以学历为对照项进行观察，我们发现，中专/大专学历的讲解员传播素质并不弱于本科学历的讲解员，更有甚者，许多中专/大专学历的讲解员传播素质还优于本科学历的讲解员。

调查数据显示，中专/大专学历的讲解员所填的问卷中，有关言语表达问题答案的得分较多地集中在4分，其中位数、众数大多为4，即"经常这样"，其平均分最低也在 3.55 分以上；本科学历讲解员回答的有关言语表达的问题，得分则多集中在 2 分和 3 分，即"很少这样"和"有时这样"两个答案，平均分则基本在 3 分以下。同时，中专/大专学历和本科学历讲解员在言语表达相关问题上的答案离散程度相似，标准差都在 1.1 左右。中专/大专学历的讲解员言语表达能力不输本科学历的讲解员，前者的言语表达能力更有可能优于本科学历的讲解员。观察其他传播素质问题，我们也可以发现，中专/大专学历得分情况，与本科学历问卷得分情况相似，二者中位数、众数相差不大，中专/大专学历讲解员平均分甚至高于本科学历讲解员。总之，学历对于旅游讲解员传播素质差异的影响较小。学历高不代表旅游讲解传播素质强；即使学历不高，讲解员也可以通过后天努力来提高自身的言语表达能力，提高自身的传播素质。

（三）非语言表达方面，乡村旅游讲解员整体较好，个别细节有待加强

在乡村旅游讲解等人际交往过程中，非语言表达占重要地位，乡村旅游讲解员常使用手势、表情、目光等非语言方式来进行信息传递、情感交流以及思想表达等。在问卷调查过程中，我们发现，旅游讲解员的非语言表达能力普遍较好。问卷中讲解语气、目光、肢体语言、伴随不良动作等问题，乡村旅游讲解员得分的众数和中位数皆为 4，更有超过五成的人得分为 4 分及以上，不过，仍有少数人得分不高，约两成的人得分为 1~2 分。总体而言，乡村旅游讲解员的非语言表达能力整体比较好，他们比较擅长运用柔和的目光、恰当的语气、合理的肢体语言，来辅助进行旅游讲解，以便营造良好的讲解氛围。但是，还有部分讲解员的非语言表达能力有所欠缺，需要不断改进，在小动作等细节处理方面有待加强。

（四）讲解员的冲突处理能力受性别因素的影响

冲突处理能力对于讲解员解决突发性问题具有重要意义。讲解过程中，由于游客的不确定性和随机性，讲解员可能会与游客产生冲突，这时便需要讲解员发挥冲突处理能力，积极解决问题。通过研究数据，我们发现，在有关冲突处理能力的几个问题中，除去"在讲解时，发现自己犯了错误以后，能够勇于承认"这一问题，在其余问题上，女性均分基本上都低于男性均分，均分低 0.12~0.5。相比之下，男性讲解员的冲突处理能力优于女性讲解员。在讲解过程中遇到冲突时，男性讲解员更容易保持理性，并站在游客的角度思考问题。虽然男性讲解员的冲突解决能力更强，但是男性在发现问题后勇于承认错误这一层面较女性讲解员而言略有不足。数据显示，在勇于承认错误这一问题上，男性答案得分的众数、中位数皆为 3，即"有时这样"，女性答案得分的众数、中位数则皆为 4，即"经常这样"，且该题女性答案标准差小于男性，女性的答案更为集中。

总体而言，性别对于冲突解决能力有所影响，男性的冲突解决能力更强，更能在遇到冲突时保持理性，站在游客的角度思考问题，但是由于性格特征、性别差异，男性在承认错误方面较女性而言有所不足。

（五）讲解员的讲解以单向式输出为主，双向式互动较为不足

乡村旅游讲解员主要负责按照景区规定的参观线路和参观内容进行讲解服务，为游客进行景点、历史知识、相关典故的讲解，帮助游客深入了解景区。讲解员的工作决定了讲解员负责讲解，游客负责了解，讲解员对游客进行知识输出。样本中，知识输出均分为3.08，众数、中位数均为3，说明当讲解员认为所了解的相关知识多于游客时，有时会以输出为主。同时，"在开展旅游讲解工作时，自己主动介绍比较多，游客提问比较少"这一题的回答均分为2.77，说明在讲解员与游客交流的过程中，讲解员以主动讲解为主，游客提问的机会和提问的时间都较少，游客也很少主动提问，游客发言机会较少，讲解员与游客之间的双向互动较为缺乏。游客习惯作为讲解的倾听者，讲解员也习惯作为知识输出者。

讲解员关于双向沟通能力问题的回答，均分基本在3.4~3.6之间，众数和中位数则基本在3~4之间，说明讲解员拥有一定的双向沟通能力。虽然讲解员拥有双向沟通的能力，但是讲解与交流的时间安排不合理，以及游客积极性不足等问题，都会导致乡村旅游讲解过程中很少有双向互动。讲解员与游客之间的互动有待加强，讲解不应该是单口相声，而应该是双向交流的过程，是讲解员讲解经验获得提升、游客获得知识的过程，也是游客不断反馈意见，讲解员不断优化讲解内容的过程。

总体而言，讲解员的讲解以知识输出为主，与游客之间的双向互动较为不足，讲解员与游客之间的互动急需加强。促进乡村旅游讲解事业的发展，加强游客与讲解员之间的互动，不仅需要提高讲解员的引导能力，即引导游客积极提问、积极互动的能力，而且需要持续提高游客的参与感，让游客乐意参加互动，积极思考问题。

（六）讲解员的媒介传播能力亟待增强

随着互联网的高速发展，媒介传播能力日益受到人们的重视，它在人际交往、讲解工作活动中逐渐发挥重要的作用。媒介传播能力可以拓展用户视野，打破时间与空间的双重限制，让游客能使用手机在网络上观看旅游景点的讲解；同时，讲解员运用多种媒介进行现场讲解，可以有效加强游客的多种感官体验，更能给游客创造一场绝妙的视听盛宴。媒介在讲解中的作用愈发凸显。

研究数据表明，乡村旅游讲解员的媒介传播能力不足。有关媒介传播能力的问题中，讲解员选择最多的答案是"有时这样"，众数、中位数都为3，这几个问题答案平均分较低，平均分也仅为3.03分，由此可以得知，乡村旅游讲解员在讲解过程中运用多媒体功能、在新媒体平台提供讲解服务的机会较少，讲解与媒介的结合较少，讲解员的媒介传播能力不足。

总体而言，随着媒介在讲解中的重要程度不断凸显，乡村旅游讲解员的媒介传播能力亟待加强。乡村旅游景区需要不断完善各种智能设施、多媒体设备，为讲解员结合多媒体功能进行讲解提供物质基础；同时，乡村旅游景区需要为讲解员提供

相关媒介技能培训和要求，增强讲解员的媒介传播能力，助力乡村旅游讲解员传播素质的提升。

本章小结

本章聚焦乡村旅游讲解员的传播素质。笔者通过梳理相关传播素质理论，提出乡村旅游讲解员的传播素质包括两项能力：人际沟通能力、媒介传播能力。笔者编制了乡村旅游讲解员传播素质测量调查问卷，并对问卷结果进行了分析。

课后小结与复习题

乡村旅游讲解员的传播素质

第三章
乡村旅游讲解员的道德素养

"国无德不兴，人无德不立。"德是中华民族自古以来的优良传统，是涵养万物的承载。先秦思想家老子在《道德经》一书中这样阐述："道生之，德畜之，物形之，势成之，是以万物莫不尊道而贵德"。在新的历史时期，德包括政治品德、社会公德、职业道德、家庭美德、个人品德等。2021年，习近平总书记在党史学习教育动员大会上说过：德不配位，难以致远；德才兼备，方堪大任。习总书记的这一明确要求，深刻指出了在新时代每一个人都要有高尚的品德，要不断提升品德修养，为实现中华民族伟大复兴提供不竭的动力支持。

站在两个一百年的历史交汇点上，巩固拓展脱贫攻坚成果与乡村振兴有效衔接成为时代主旋律，大力推进乡村振兴战略，产业振兴是基础，人才振兴是保障，而文化振兴则是"软件工程"。要实现文化振兴，就要加强人的思想道德建设和公共文化建设，弘扬社会正气，培养社会主义核心价值观，增强"四个意识"，坚定"四个自信"，做到"两个维护"。

乡村旅游讲解员队伍是乡村文化振兴的重要力量，乡村旅游讲解员的个人素质是乡村文化素质的缩影，能展现乡村文化品牌的重要内涵。因此，新时代乡村旅游讲解员在个人综合素质的建设上，要坚持贯彻"以德正身、兴德修为"的标准，培养好政治品德、遵守好社会公德、提升好职业道德、塑造好个人美德，始终保持个人崇高的精神追求、高尚的人格品行、健康的情趣爱好，建立起新时代乡村旅游讲解员的新标杆。

第一节 乡村旅游讲解员的政治品德

一、政治品德的概念、内容和意义

修炼政治品德不是一蹴而就的，也不是一劳永逸的。政治品德是一个人政治品质和政治修为的集中体现，更是一个人道德品行和修养的核心。政治品德以政治意识、政治信仰、政治信念为内在支撑，具体表现为政治忠诚、政治定力、政治担当、政治自律。

我们要知道，一方面，德并不是抽象的，而是具体的、有层次的。《尚书·洪范》中讲到了"三德"："一曰正直，二曰刚克，三曰柔克。"习近平总书记多次强调要明大德、守公德、严私德。对每一个人来说，加强自身道德修养，最重要的是修养政治品德。另一方面，德既是一种内在素养，又是一种外在行为规范。就政治品德来说，作为一名乡村旅游讲解员，只有始终不渝地把政治品德摆在修德立德的首位，切实在内外兼修、表里如一、知行合一上下功夫，才能以过硬的政治品德夯实政治合格、德行高尚的根基，真正立起行业标杆。

（一）深厚的理论素养是乡村旅游讲解员永葆政治品德的源泉

习近平总书记强调：政治上的坚定离不开理论上的坚定。政治上的坚定源于理论上的清醒。理论素养越高，越有利于政治素养的形成，而坚定的政治素养，又可以帮助我们筑牢坚定的思想屏障，去抵制那些不正当的思想和行为。政治素养还是一记警钟，时时警醒我们勿以恶小而为之，勿以善小而不为，提醒我们必须始终保持事业前进的正确政治方向。

不积跬步，无以至千里；不积小流，无以成江海。政治理论素养的形成不会因为工龄增长而增长，也不会因为工作阅历多而变得深厚，它需要日积月累。乡村旅游讲解员既要保持高尚纯洁的政治灵魂，真正成为政治上的"明白人"、事业上的"领头雁"，还要把厚实的理论素养作为人生必修课，孜孜不倦、锲而不舍、励学敦行，把马克思主义特别是习近平新时代中国特色社会主义思想这一当代中国的马克思主义，深植在灵魂血脉中，知其然，知其所以然，学思融合，知行合一，在常学常新中增强理论素养，真正成为马克思主义政治灵魂的守望者，担当好新时代中国特色社会主义新农村、新气象的有力传播者。

（二）坚定的政治立场是乡村旅游讲解员永葆政治品德的基础

古代政治家司马光曾在《资治通鉴》中说过，"君子挟才以为善，小人挟才以为恶。挟才以为善者，善无不至矣；挟才以为恶者，恶亦无不至矣"，"古昔以来，国之乱臣、家之败子，才有余而德不足，以至于颠覆者多矣"。试想历朝历代，如蔡京、严嵩、和珅等大奸大贪，哪一个不是能吏、干吏？有才无德者，祸国殃民更甚。

政治素质高的人，才能始终站稳政治立场，时刻做到讲政治、知敬畏、明纪律、守规矩，坚决维护好党中央的权威，在内心深处始终充满对党的认同和热爱，真正增强"四个意识"，坚定"四个自信"，做到"两个维护"。当今社会，面对百年之未有大变局，世界交流互联互通，各国不同文化不断相互渗透，各种思潮纷繁复杂，不同信息肆意奔涌，多种诱惑也纷至沓来。乡村旅游讲解员长期在一线乡村工作，越是在纷繁复杂的环境中，越要在人生价值的追求上，达到讲好中华民族文化故事、中国乡村振兴故事的目标，不断增强政治定力，确保政治合格。此外，乡村旅游讲解员还要增强为新时代农村旅游发展工作、为一方百姓造福的责任感和使命感，把传播好新时代农村的声音这项本职工作当成一项人生事业去干，才能以如履薄冰、如临深渊的态度审视自己的言行，时刻做到慎独、慎微、慎初、自重、自省、自警、自励。

（三）弘扬优良传统是乡村旅游讲解员永葆政治品德的重要体现

崇德向善，是中华民族五千多年积淀下来的最为宝贵的精神财富，它是促进社会发展进步的重要精神力量。站在两个一百年奋斗目标的新起点上，我们有更多机遇，也有更多挑战。协调推进"四个全面"战略布局，如期实现中华民族伟大复兴的中国梦，全面推进乡村振兴，既需要夯实雄厚的物质基础，又需要构筑强大的精神力量，最后实现"产业兴旺、生态宜居、乡风文明、治理有效、生活富裕"的美好蓝图。因此，乡村旅游讲解员在讲解服务中，更要忠于祖国，遵纪守法，向上向善，遵守服务规范。在工作中，乡村旅游讲解员要凝聚向上的中国精神，彰显向善的民族力量。乡村旅游讲解员可以通过讲述身边一个个令人感动的故事，努力成长为讲解员中的楷模，成为宣传推动乡村旅游的响亮名片。

二、乡村旅游讲解员在政治品德方面存在的主要问题

政治品德是一个人立身、立业、立言的基石。当前，在我们的乡村旅游讲解员队伍中，仍然存在一些较为突出的问题，主要表现为两点。

一是坚定理想信念方面有所弱化。这主要表现为一些乡村旅游讲解员对自身的审视力度不足，长期埋头于千篇一律的解说环境中，在思想上容易出现懈怠，放松了对理论知识的进一步学习，缺乏对个人主观世界的改造，缺乏对新知识、新业务的进一步追求，部分讲解员处于满足于一般化、应付化和流程化工作的状态。

二是宗旨意识有所淡化。虽然乡村旅游讲解员的工作地点是乡村一线，但是目前在这个队伍中，真正来自乡村的讲解员并不多，大部分讲解员属于在城镇长大的群体，他们与村民之间缺乏一定的浓厚感情联结。在开展讲解工作时，"背稿型"讲解较多，真正原汁原味的乡村讲解风格不明显。另外，讲解员与村民的情感联系也

不够紧密,对于乡村的进一步发展,大部分讲解员很难提出具有建设性和创新性的建议。

三、提升乡村旅游讲解员政治品德的措施和路径

在乡村旅游讲解员学习政治理论知识和进行乡村旅游讲解实践的过程中,讲解员日积月累,形成了政治品德。它主要体现为个人政治观点和立场、道德品质、人生观、世界观的总和,体现在传承乡村文明、服务乡村发展、宣传乡村品牌、传递乡村力量上。因此,要有针对性地对乡村旅游讲解员开展教育和培养工作,这项工作意义巨大、影响深远。

(一)提高政治站位,开阔政治视野

乡村旅游讲解员要加强政治理论学习,厚植深厚的爱国情、勇于坚持真理的精神。众所周知,乡村旅游讲解员始终工作在基层一线,既担负着宣传和教育的职能,也是乡村地区文化的传承者。一个政治品德优秀的乡村旅游讲解员,代表了乡村振兴发展的新气象,也代表了当地旅游业的新形象。因此,乡村旅游讲解员要培养强烈的爱国主义意识,拥有坚定的政治方向,培养高尚的人生观、正确的价值观、深厚的爱国情、强烈的报国志、勇于坚持真理的精神,任何时候,乡村旅游讲解员都要维护国家和民族的利益和尊严,在个人的言行举止中践行社会主义核心价值观。

(二)丰富乡村旅游讲解的内容,不断增强工作责任感、事业感、使命感

乡村旅游讲解员要不断创新旅游讲解的方法,提升游客的兴趣。相关部门要组织开展针对乡村旅游讲解员的专业课、文化课的培训,帮助他们提高综合文化素质,养成勤奋学习的好习惯。乡村旅游讲解员要创新乡村旅游讲解的内容和方法,增强服务乡村文旅事业的激情和信心。同时,相关部门还要培养他们接受新事物、新观念的能力,以及较强的工作积极性和语言表达能力,在与游客交流和互动的时候,乡村旅游讲解员要具备较强的应变能力,能更加生动和形象地展示乡村风土人情和乡村文化,使自己成为传播乡村文明的名片,从"背稿型"乡村旅游讲解员向"知识型"和"专家型"乡村旅游讲解员转变。

第二节　乡村旅游讲解员的社会公德

一、社会公德的概念、内容和意义

从本质上讲,社会公德是一个国家、一个民族或者一个群体,在社会实践活动中积淀下来的道德准则、文化观念和思想传统,是人们维持良好人际关系的条件,

也是衡量一个民族进步的标志。社会公德作为一种无形的力量，约束着我们的行为，它对维系社会公共生活和调整人与人之间的关系具有重要的作用。社会公德水平的高低，直接影响着一个国家的社会秩序、社会风气、社会凝聚力，是一个社会文明程度的重要标志。实践证明，抓好社会公德建设有利于建立和谐的社会秩序，净化不良的社会风气，提高全民族的凝聚力。

（一）遵守社会公德是对乡村旅游讲解员最基本的要求

社会公德是人的道德修养和文明程度的重要表现，是千百年来广大人民群众约定俗成的一种共同的社会准则，对促进社会良性发展有着十分重要的意义；树立良好的社会公德意识，有助于人们拥有良好的道德，使社会整体道德水平提高。

社会公德是人类社会生活最基本、最广泛、最一般关系的反映。在阶级社会中，尽管存在各种不同阶级的划分，存在着各种不同的社会分工，但处于同一时代的同一社会环境里的全体社会成员，为了彼此能顺利交往，为了维持社会的生活秩序，都必须遵守为这个时代和这个社会所必需的生活规则。进入现代社会后，随着社会公德的不断进步，在社会公共生活中，人与人之间的相处更加和谐，人们举止文明，以礼相待，自觉杜绝说脏话、欺骗他人等恶习，形成了现代社会公德的新风尚。

乡村旅游讲解员在维护公共利益、公共秩序方面的作用更加突出，因为他们的一举一动都直接关系到乡村的形象和声誉。首先，一个干净、整洁、端庄、大方的形象，对一个讲解员来讲是十分必要的，因为讲解员要以礼貌待人，语言文明，与游客和谐融洽相处，只有做到这些，他们才能充分胜任讲解员这一工作岗位的要求。其次，助人为乐、见义勇为是讲解员在工作过程中必备的一种素养，在实际的讲解过程中，讲解员难免会遇到各种问题和困难，因此，讲解员需要和游客建立起互帮互助、团结友爱的关系，高尚的社会公德就是维系这一关系的重要基础和前提。

（二）遵守社会公德是乡村旅游讲解员践行文明礼仪的载体

一个地区的精神面貌总是先从社会风尚中表现出来，讲解员的一言一行也能体现这个地区的社会公德水平。社会公德是维护社会公共生活正常秩序的必然要求，是人们生活稳定发展的基本条件。社会公德一方面肯定、维护和促进一切有利于或有助于社会和个人生存、发展和完善的思想和行为，另一方面否定、抑制和阻止一切有碍于或有害于社会和个人生存、发展和完善的思想和行为。讲解员是一个面向社会的职业，讲解员不仅要具有较强的管理能力，还要在细致处做好做精，为游客提供优质的服务。

（三）乡村旅游讲解员要自觉地把遵守社会公德作为一种责任

全体公民的思想道德素质在建设和谐社会、实现国家长治久安等目标方面起着无比重要的作用。具有良好道德规范的、和谐的乡村旅游团队可以在乡村旅游景区中形成团结互助、平等友爱、共同前进的团队氛围和人际关系。在注重营造并弘扬社会公德的良好气氛中，可通过大力宣传社会公德，让不讲社会公德的人受到这种气氛的感染，自觉规范自己的不文明行为。

弘扬社会公德是每一个公民的责任。乡村旅游讲解员在带领游客领略乡村风土人情时，还可以通过声情并茂的讲解，让游客全面地认识乡村的民俗风情。因此，他们在讲解时，要以更加准确的表述方式将更加美丽的乡村形象展现给游客，以身作则，用自己的实际行动潜移默化地影响游客。

二、乡村旅游讲解员在社会公德方面存在的主要问题

社会的进步和发展需要良好的社会公德作为支撑。近年来，随着我国经济的迅速发展，社会主义精神文明和社会主义道德建设提升到了一个前所未有的新高度。但是，在少数区域，一些有悖于社会公德的现象仍然存在。乡村旅游讲解员在社会公德方面存在的问题主要体现在如下两个方面。

（一）在处理与服务对象的关系方面，还没有形成文明礼貌、诚实守信、互帮互助的思想和行为自觉

我国是拥有五千年历史文明的古国，一度被称为礼仪之邦。在西周时期，就有周公"以礼治国"，从而实现大治；后来，又有孔子将礼仪之道发扬光大，创立了影响深远的儒家思想，其核心思维就是仁义、礼让。就个体关系来说，乡村旅游讲解员和游客是共生的关系，但随着物质水平的提升，以及旅游业的快速发展，越来越多的游客从风景名胜旅游逐步转向乡村休闲生态旅游，乡村旅游已是现代旅游业的一个重要分支，越来越多的人喜欢去农村体验田园生活。伴随着经济发展的需要，乡村旅游产业不断发展，也开始了商业化模式运营，表现之一是出现了各种土特产购物，或者以低价游玩的名义吸引游客消费。少数素质不高的讲解员在带队时，对不购买产品的游客冷嘲热讽，有的讲解员还会辱骂游客，甚至用威胁等手段来逼迫游客购物，这极大地损害了乡村旅游景区的形象，引发了各种各样的投诉，造成了严重的负面影响。

（二）在个人与集体、社会的关系方面，还存在损害公共利益的现象

很多讲解员维护公共秩序的意识淡薄，缺乏一定的公德观念。一方面，一些讲解员不爱惜乡村的公共财物和资源。在使用办公用品的时候，没有按照节约节能的要求，肆意铺张浪费，损害集体的利益。另一方面，少数讲解员维护社会公德的意识淡薄。对在公共场所不讲秩序、大声喧哗等现象，这些讲解员没有采取阻止措施，而是采取旁观态度；个别讲解员不顾他人劝阻，在公共场所内随意抽烟、丢弃烟头等。

三、提升乡村旅游讲解员社会公德的措施和路径

作为讲解员，要把社会公德意识转化为自身职业规范的行为自觉，要全面做到

遵守社会公德，提高自我素质，增强社会公德意识。讲解员要在心中牢记社会公德的基本准则，并将其落实到行动上。首先，相关部门要建立健全教育培训机制。督促乡村旅游讲解员学习掌握社会公德的重要内容，引导他们自觉主动地遵守社会公德，提高遵守社会公德的自觉性。其次，要使他们真正做到学以致用、以行促学。督促讲解员把所学所获内化于心，外化与行，积极将理论付诸实际行动，发挥模范带头作用，以高标准的姿态遵守社会公德，发挥带头作用。

除此之外，乡村旅游讲解员更是助力打造乡村全面发展的旗手，是乡村社会文明的宣传者和弘扬本土民族文化的传播者。践行社会公德，也要遵循私德，让良好的行为习惯体现在生活的方方面面，要做到如下三个"文明"。

（一）语言文明

要把文明用语、说普通话当作职业要求，在语言沟通上要有亲和力，对待游客要热情温暖，不说粗话、脏话，不恶语伤人，不讽刺别人。

（二）举止文明

乡村旅游讲解员要对自己严格要求，不参与违反社会公德的活动；培养健康的兴趣爱好，要求别人不做什么事，自己也坚决不做，以实际行动做出表率；敢于对他人的不文明行为说"不"，共同为营造文明优雅的社会氛围而努力。

（三）衣着文明

乡村旅游讲解员的服饰要庄重得体，穿搭要注重场合，穿衣要干净整洁，讲究与村情、村貌和乡村旅游景区的文化形象一致。

社会公德与个人品德

第三节 乡村旅游讲解员的职业道德

一、职业道德的概念、内容和意义

职业道德是指在职业范围内形成的比较稳定的道德观念和行为规范的总和。职业道德的出现是为了适应社会主义物质文明和精神文明建设的需要，也是为了维护行业的生存和发展。它是社会道德体系的重要组成部分。一方面，职业道德具有社会道德的一般作用。另一方面，它又具有自身的特殊作用，具体表现在调节职业交往中从业人员内部以及从业人员与服务对象间的关系，有助于维护和提高本行业的信誉，促进本行业的发展，有助于提高全体社会成员的道德水平。

职业道德是整个社会道德的主要内容，它涉及每个从业者如何对待职业、如何对待工作，体现了一个行业的从业人员的生活态度、价值观念。一个人的道德意识、道德行为发展到成熟阶段，才会产生职业道德，因此职业道德具有较强的稳定性和连续性。除此之外，职业道德也是一个职业集体，甚至一个行业全体人员的行为表现，如果每个职业集体、每个行业全体人员都具备优良的职业道德，将对整个社会的道德水平的提高发挥重要的作用。

（一）良好的职业道德修养有助于乡村旅游讲解员增强工作使命感

职业道德的基本职能是调节职能。一方面，它可以调节从业人员内部的关系，即以职业道德来对从业人员进行约束和引导，让从业人员形成团结合作、互帮互助、爱岗敬业、齐心协力的思想自觉，并努力将这种思想意识转化为实际行动，共同为集体创造价值和荣誉。另一方面，它能让从业人员不断提升工作标准。良好的职业道德素养可以让讲解员时刻保持上进心，引导他们充分利用碎片化的时间，提升时间利用效率，创造条件与环境，将工作做到最好，把讲解当作爱好，享受其中的乐趣。

一个优秀的乡村旅游讲解员，一定具有以下特质。一是良好的心态和宽容的心境，这能帮助乡村旅游讲解员克服自身存在的困难，做事情时顾全大局，遇到问题时保持理智和清醒，积极帮助游客解决问题，同时，讲解员自身的强大也能够感染身边的人。二是正直的人品。在工作中，讲解员要待人宽容，积极乐观，热爱事业，做事得体公道，公私分明。三是精湛的业务水平。优秀的乡村旅游讲解员会注重自己的仪容仪表，讲解时吐字清晰、声音洪亮，用标准优美的普通话讲解，在讲解的内容上言简意赅，有亲和力，有情感，有吸引力和感染力，能够带动游客的情绪，使游客深入其中，优秀的讲解员还会针对不同职业、年龄、民族、文化水平的游客，组织设计不同的语言表达，使游客能够清晰明了地了解乡村旅游景区的面貌。

（二）良好的职业道德修养有助于乡村旅游讲解员时刻保持责任感

一个行业的信誉，是通过从业人员的美好形象、良好信用和美好声誉体现出来的，从业人员职业道德水平高是整个行业健康蓬勃发展的有效保证。反过来，如果从业人员职业道德水平不够高，就很难为客户提供优质高效、令客户满意的服务。乡村旅游业是对本土文化、民俗特色、服务水准依赖性极强的新型旅游业，其经营理念要求乡村旅游业需要有一支高素质、高水平的乡村旅游讲解员队伍。文化知识、工作能力、责任感、使命感等，是讲解员应具备的重要素质。其中，责任感是最重要的。一般情况下，职业道德水平高的从业人员都拥有极强的责任心。良好的职业道德能够提升整个队伍对外宣传乡村旅游品牌的能力，推动乡村旅游行业积极向上发展。

一个优秀的乡村旅游讲解员，具有游客至上的服务理念和强烈的事业心、责任感，能够主动热情、耐心细致地服务于游客。更重要的是，优秀的乡村旅游讲解员具备独立执行政策和独立进行宣传讲解的能力，在面对突发问题时，有更合理的解决方法，拥有较强的组织协调能力和灵活的工作方法，在面对问题时不死板，能够及时地解决问题且解决方案很合理。较强的社交能力则能为讲解员的讲解服务锦上添花，使讲解员能够使用游客容易接受的方式进行讲解，让游客了解乡村的民风民俗，提升乡村旅游景区的品牌形象。

二、乡村旅游讲解员在职业道德方面存在的问题

在我国大力推进实施乡村振兴战略的步伐中，乡村旅游成为乡村振兴的重要内容。乡村旅游讲解是一项综合性很强的工作，讲解员责任重大。由于大部分讲解员来自乡村一线，再加上我国幅员辽阔，乡村旅游景区众多，讲解员队伍整体的文化水平参差不齐，暴露出来的问题也比较普遍，而且比较明显。

（一）部分乡村旅游讲解员自身素质低，缺乏高尚的职业道德

随着城市化不断发展，农村大部分人才不断外流，很多人才到沿海一带的城市就业，能够留在村里工作的人才较少，能够聘用的本土的、年轻的讲解员更加稀少。旅游公司或者村集体在招聘、选用讲解员时，很容易忽视讲解员本身的素质修养和职业道德。再加上目前我国大部分乡村旅游景区还处于探索发展阶段，整体收益不高，甚至有些景区还处于亏损状态，这导致招聘者在劳务用工方面的标准一降再降，因此出现了讲解员普通话不标准、年龄偏大、讲解不够形象生动等问题。

（二）缺乏专业系统的讲解员职业道德培训机制，讲解员业务能力参差不齐

就目前来说，乡村旅游讲解员部分是全职，也有部分是兼职。聘用方虽然针对乡村讲解员开展了职业道德培训，但是大部分培训都是临时性的，或者阶段性的，并未形成长效化的学习培训机制。再加上没有规范的监督机制，也没有一套完整的规章制度来约束和规范讲解员的工作，现有的监督机制也只停留在表面，导致有些讲解员的业务能力和职业道德素养一直提不上去，其服务态度和服务质量自然跟不上快节奏的社会发展步伐。

三、提升乡村旅游讲解员职业道德的措施和路径

（一）加强对乡村旅游讲解员的职业道德素养培养

如前文所述，乡村旅游讲解员的工作范围广、责任重大，乡村旅游讲解是一项综合性很强的工作。讲解员需要具备洞察力和感知能力，且还要有冷静的思维和准确的判断能力，在遇到突发问题时能够更全面地做出考量，灵活机智，妥善解决问题。而且，讲解员要对自身有不错的控制能力，在遵循理解、尊重、信任和宽容的原则上，需要不断加强自身的思想道德修养和文化修养。除此之外，相关部门还要注重在强化讲解员职业道德的基础上，培养他们爱岗敬业、诚实守信、忠于职责的工作

情操；制订和落实系统的学习制度，促进讲解员队伍在加强学习的同时，通过学以明德、学以力行，帮助他们在学习中不断丰富头脑，提高修养，从而加强思想和实际工作的紧密联系，提高道德水平和思想境界。

（二）加强对乡村旅游讲解员的专业技能素质培养

顾名思义，乡村旅游讲解员就是为游客讲解乡村旅游景区的独特风景的工作人员。讲解员自己必须要有精准的定位，明白自身的价值，正确履行自身的职责。讲解员可以将旅游讲解当作一门特殊的艺术来深挖，将自己对所在乡村的感情融入进去，或者把自己当作一名口才突出的演说家，或者把自己当作一位知识渊博的专家，更可以把自己当作一名造诣深厚的艺术家。讲解员要对自己工作的景区有独特的理解，能够用细致的眼光发现乡村的奇特之处，且能够用风格独特、幽默风趣的解说方式，让游客从自己的口中了解景区的特别之处。要注重对讲解员专业技能素质的培养，这有助于讲解员在接待游客和向游客讲解的过程中，拥有强烈的工作热情和娴熟的专业技巧。更重要的是，讲解员还必须拥有良好的心理素质，要把联系游客与乡村当成自己的责任，始终以热情、大方、得体的姿态面对游客，努力建立与游客的融洽关系，特别是在遇到矛盾时，讲解员不能激化矛盾，而是要迅速调整自己的心态，时刻从游客的立场出发，以此来增强自己和游客间的信赖和友谊。除此之外，讲解员还要培养自己处理突发事件的能力，在发生突发事件时，讲解员要能够在有效的时间内做出处理和协调，切实维护游客的切身利益。

（三）加强对乡村旅游讲解员根植农村情怀的培养

乡村旅游讲解员存在的意义就是为游客讲解乡村旅游景区的风土人情故事，使游客和社会能够更细致地了解景区。讲解员必须树立为游客着想、为游客服务的思想意识，坚持以人为本的服务理念，尽心竭力地为游客服务，为社会做贡献。前文提过，有的乡村旅游讲解员来自城镇，对乡村没有足够的了解，对于乡村趣事、习俗等无法产生浓厚的兴趣，对乡村的感情还不够深厚，从事讲解工作是生活所迫，对于讲解本身没有深厚的感情和研究，因而，他们在工作中就容易缺乏激情和情感，做出的讲解对游客的感染力也会稍显不足。

现在，大部分旅游者之所以到农村旅游，主要是因为乡村旅游业能提供不错的游玩体验。在乡村旅游景区，游客可以和大自然亲切接触，而且费用相对来说也不高。在乡村旅游的游客群体中，一部分游客没到过农村，因此对农村充满好奇与憧憬，另一部分游客从小在农村长大，在城市工作后，怀着对解甲归田的向往以及浓浓的"乡愁"，想回农村，寻找孩提时代的记忆。因此，相关部门要注重加强对乡村旅游讲解员服务农村、扎根农村的情怀培养，使他们身上时刻保持着浓重的乡土文化气息，在解说的过程中，讲解员要通过原汁原味的本土解说、物品展示、景点介绍等方式，让游客来了就有一种归隐田园或归家的感觉，在农村文化与城市文化的交流和碰撞中，找到心灵的共鸣点，这样的景区才能吸引游客，留住游客。

（四）加强对乡村旅游讲解员的国际通用语言培训

古人云："有朋自远方来，不亦乐乎？"我国向来是一个好客的国度，随着当今国际化进程的加快，各国之间的文化互联互通不断增多，来国内体验乡村旅游的外国游客与日俱增。当外国游客来到国内乡村旅游时，他们不能完全理解当地的风土人情，对一切都会感到好奇，会想更深入地了解乡村的各种事物，如果讲解员能很好地将乡村的景物和风土人情联系起来，或者将这些与游客家乡的一些事物联系起来，就更能引起游客共鸣，他们就会更加容易理解乡村的各种事物，在游览中更有兴致。因此，招聘能够使用国际通用语言交流的讲解员是目前乡村旅游发展的迫切需要，有关机构要注重挑选接受能力强的讲解员，积极开展国际通用语言的学习培训，鼓励讲解员参加相应的职业资格考试，打破乡村与外国游客的交流障碍。

提升乡村旅游讲解员的职业道德素养是一项复杂而长远的系统性工程，任重而道远。讲解员在职业道路上的成长可能比较困难，需要长时间的坚持，更需要从完善的体制、机制获得支撑。乡村旅游产业只有留住人才、守住人才，才能焕发出青春的活力。

第四节 乡村旅游讲解员的个人美德

一、个人美德的概念、内容和意义

广义上而言，个人美德是指能给一个人增添力量和魅力的元素，包括勇气、自信、乐于助人等，当一个人对生活积极、对世界充满爱、对生命保持尊重，那么，这个人本身就具有强大的人格魅力，会对周围的事物产生积极的影响，这也是一种美德。个人美德是乡村旅游讲解员必不可少的素养，它是个人品质和品格的一个方面。苏格拉底曾提出"美德即知识"的结论，他一方面强调美德是心灵的内在原则，另一方面认为美德是一种从内在产生的力量，主要指的是一种自制的、积极的态度。

（一）以游客为中心、全心全意服务游客是乡村旅游讲解员个人美德的核心

当一个讲解员时刻以游客为中心、全心全意为游客提供优质服务时，他看起来就会更年轻、更有活力，为游客服务时也会显得更亲切。拥有崇高的个人美德，除了能使讲解员工作起来更加积极主动，也能使游客在听他们解说的时候受到感染，体验到旅游的幸福感。

爱祖国、爱人民、爱劳动、爱科学、爱社会主义是每个公民应当具备的基本美德。乡村旅游讲解员工作在乡村一线，他们需要有倾情奉献的服务精神和高度的责任感。游客进入乡村之后，讲解员便是展现在游客面前的一道独特的风景线，乡村

旅游景区的美可以在他们精彩的解说中得到升华。对乡村旅游讲解员来说，他们的个人美德表现在礼貌、友好地对待游客，微笑面对游客，在面对游客的提问时能够做出得体的回答；也表现在尊重游客，平等对待每一位游客，不把游客分为三六九等，耐心解答每一位游客的疑问；同时，还表现在尽职尽责、兢兢业业地做好自己的本职工作，对乡村拥有深厚浓烈的感情，愿意把青春奉献给乡村旅游事业。

（二）正直无私、热心助人是乡村旅游讲解员个人美德的集中体现

正直、善良、无私、乐于助人等，是为人的优秀品质，如果乡村旅游讲解员将这些优秀品质体现于日常解说工作中，那么，这样的讲解员必定是拥有个人美德的人。首先，讲解员要正直。正直的讲解员能够充当组织者的角色，对于团队中的事务能够保持一颗客观公正的心，处理问题时会考虑得更加全面，能够更好地顾全大局。其次，讲解员要无私。无私是正直的源泉，能让人保持清醒和冷静，更加从容地面对游客，更容易得到大家的信服。再次，讲解员要热心。只有热心，讲解员才能积极帮助游客解决困难和问题，尤其是当游客内部出现纠纷时，热心的讲解员能设身处地地为游客着想，化解矛盾，还能以自己的热心感染游客；同时，在讲解员队伍中，如果每个人都有一副热心肠，那么团队的战斗力也会更强，队员也会更加优秀。

（三）丰富的知识涵养、积极向上的生活态度是乡村旅游讲解员个人美德的升华

时代在发展，社会在进步，解说不是一成不变的，它是一个需要与时俱进的职业。对知识的不懈追求是乡村旅游讲解员不断提升自己的体现。当一个人很热爱一个职业的时候，他对知识的渴求和欲望是惊人的。具有丰富知识的讲解员在工作中给游客展示的是积极、智慧的形象。因此，乡村旅游讲解员要充分利用个人的闲暇时间，不断加强学习，不断提高自己的业务水平，开阔自身的视野，丰富自身的阅历。同时，乡村旅游讲解员还要有积极向上的生活态度，把所在的乡村当作自己的家乡，热爱它，融入其中，带领游客共同体验乡村的美好，用自己的一言一行，让游客感受到乡村的丰富内涵。

二、乡村旅游讲解员个人美德方面存在的问题

中华民族是一个具有优良传统的民族，五千年的文明孕育了丰富的传统美德，如公正无私、实干笃行的修身之道，敬业奉献、公而忘私的奉献精神，"苟利国家生死以，岂因祸福避趋之"的爱国情操，"先天下之忧而忧，后天下之乐而乐"的伟大理想，奋不顾身、舍生取义、见义勇为的英雄气概，"以天下为己任"的社会理想，"己所不欲，勿施于人"的社会风尚等。这些传统美德是中华民族宝贵的精神财富，也是一个社会最珍贵的智慧结晶。

就目前来说，乡村旅游讲解员在个人美德方面，还存在如下不足。

（一）缺乏足够强烈的责任感和使命感

讲解工作难度大，而且讲解员需要扎根在工作条件艰苦的乡村一线，只有对这个职业有深切的热爱之情、对事业有持之以恒的决心，他们才能坚持下去。乡村旅游讲解员在讲解过程中，要做到热情而不轻浮、庄重而不冷漠、开朗而不随便。一个人可以不年轻，可以不貌美，但必须保持端庄、优雅的气质。有时候，讲解员恰到好处的装扮和得体的装饰，在一定程度上可以让游客感受到亲切感、信任感。少数讲解员在与游客的交流和沟通中，讲解时是一副端庄持重的模样，讲解结束后又是一副邋遢的模样，反差特别大。这是缺乏工作责任感和使命感的体现。讲解员需要知道，只要自己站到游客面前，自己就是景区的一张名片，就要时刻保持积极向上的工作状态。

（二）缺乏足够的对升华个人美德的追求

乡村旅游讲解员是在向游客诠释新时代乡村风情和民俗文化的美好风貌，他们可以用自身的言传身教来不断地丰富讲解的内容，充分利用自己的形象美、语言美、精神美来带动游客感受乡村美、发展美、蓝图美，让游客真正体会到不一样的乡村旅游体验。部分讲解员缺乏对提升个人美德的追求，在讲解的过程中，他们无法通过自己的形象和语言来展现美的形象，这实际上是因为他们在平时的生活中缺乏对升华个人美德的追求。

三、提升乡村旅游讲解员个人美德的措施和路径

（一）全面加强学习是个人美德形成的起点和基础

中华民族倡导团结友爱、自强不息、诚实守信、勤劳节俭等传统美德。个人美德的形成并不是一朝一夕的，个人既要努力学习培育社会主义核心价值观，又要在学习和实践中全面提升自身涵养，来实现知行合一。学习是提高个人美德的一个重要途径，它不仅包括对书本知识的理论学习，还包含对道德知识、道德典范、道德经验的学习，以及对身边先锋模范和榜样的学习。讲解员从事的是乡村文化事业，要根据职业特点加强对书本理论知识的学习，进一步丰富自身的知识结构，提升自己的涵养；同时还要充分接触在乡村发展中涌现出来的先锋人物和模范，以他们为榜样，认识他们的过人之处，激励自己向他们看齐，学习他们的优点，并在解说中宣传先锋人物和模范的优良作风，使游客能够感受到乡村能人的人格魅力，从而也在潜移默化中提升个人美德。

（二）不断自省反思是提升个人美德的方法和手段

自省反思就是自我反省，自我修正，自我提高。不断加强自我反省和自我反思

是促进个人美德提升的一个重要方法和手段，一个人只有不断加强自我修炼，才能发现自身的不足，做到扬长避短，最终不断实现自我突破。同时，还要强化自律，坚持从细节做起，从小事做起，注重自己的一言一行，在工作中做到端庄大气，做事沉稳，从而促进自己在个人美德方面实现升华。

习近平总书记说过，伟大的精神引领伟大的事业，伟大的志向铸就美好的未来。纵观世界发展，任何一个民族的腾飞，其背后都有崇高的民族精神作为坚强的支撑。中华民族要实现腾飞，就需要我们继承和发扬民族精神和传统美德。乡村旅游讲解员除了要不断提升自己的政治品德、社会公德、职业道德、家庭美德之外，还要加强个人美德的锤炼和提升，在工作中，以高标准要求自己，不断加强个人修养。讲解员要积极展现乡村蓬勃发展的精神风范，用自己的实际行动，助力乡村旅游事业的发展。

案例分析

抛开杂念，方能不忘初心

高丽是一个在北仍村工作了多年的讲解员，用她的话说，"琼海北仍村，已经成为我生命中最重要的一个地方，是一个我愿意为之奋斗的地方"。2014年6月，北仍村启动美丽乡村景点建设。同年7月，高丽就收到了担任该村乡村旅游讲解员的邀请。这些年来，高丽将使命感和精益求精的工作态度融入每一次讲解服务。作为琼海美丽乡村建设的典型代表，同时毗邻博鳌亚洲论坛年会地址，北仍村成为接待中外政要、旅游商团最集中、热度最高的地点之一，其讲解服务的重要性不言而喻。

让高丽印象最为深刻的，是2015年3月28日，她作为博鳌亚洲论坛年会美丽乡村志愿讲解员，在北仍村接待了出席博鳌亚洲论坛年会的中外嘉宾。"从北仍村的大客厅到草寮咖啡屋，在长达整整一个小时的讲解工作中，我向到访嘉宾详细介绍了北仍村的美景和村民的幸福生活，得到了嘉宾的赞赏。这让我深受感动，也受到了莫大的鼓舞。"高丽回忆说。选择担任讲解员，高丽也听到过一些不理解的声音。"有人会问我是不是想赚外快。"高丽有些无奈地笑道，实际上，讲解员可以说是一种志愿服务，相关部门和单位仅负责必要的食宿保障，并无其他报酬。"哪个女孩不爱美呢？在室外讲解，风吹日晒，我自己用在防晒、护肤品上的开销都更多了呢。"

"我只想着做好北仍村的讲解服务。希望我的接待能为每一位来村里参观游览的游客带去不一样的体验和快乐，让来自世界各地的人见识到琼海建设美丽乡村的成效，我觉得这是一件很有意义、很有价值的事！"高丽说。在她刚开始担任讲解员时，她一个人要负责北仍村和龙寿洋万亩田野公园两地的讲解工作，最多的时候，她一天需要为六个以上的单位提供讲解服务，一天下来，口干舌燥不说，两条腿就像注了铅，抬都抬不动了。即便如此，她还是不遗余力地推广家乡之美，在长期的讲解过程中，高丽也有了一些独到的心得体会。

"在北仍村，时常要面对'大场面''大人流'的考验，接待外宾等重大任务非常考验讲解员讲解的深度、控制力和随机应变的能力。讲解员必须处变不惊，边讲解边疏导游客，这对讲解员的讲解功底和心理素质有很高的要求。在接待一般游客时，讲解要接地气，尽量生动有趣；在接待政府部门工作人员时，讲解要严谨客观，准确到位；在接待外宾时，要了解他们的不同需求，有针对性地进行讲解。"高丽根据不同的服务对象调整了讲解词，还独具匠心地设计了快板解说，对于如何讲好北仍村的故事、向外界更好地展现琼海的形象，她一直在不停地探索。

这些年，高丽一有空就往北仍村跑，她用心用情、不遗余力地宣传推广村庄之美，她已然和村民们建立起了友好亲密的关系。走在北仍村的林荫绿道上，高丽一路笑着和遇到的村民打招呼，谁家的农家乐生意好、谁家的小孙子要上学了、谁家的民宿还有空房……她对于这些都非常清楚。"我真心喜欢这个村庄，真心喜欢这里的人，真心希望这里发展得越来越好。"高丽说，这也是她能持之以恒坚持做讲解工作的原因。

本章小结

本章以乡村旅游讲解员的道德素养为切入点，从政治品德、社会公德、职业道德、个人美德四个方面展开论述。笔者结合目前乡村旅游讲解员在道德素养方面存在的问题，提出了相关的解决办法，具有很强的针对性，也具有积极的现实意义。

课后小结与复习题

乡村旅游讲解员的道德素养

第四章
乡村旅游讲解员的礼仪素养

第一节 乡村旅游讲解员的接待礼仪

一、乡村旅游讲解员接待之见面礼仪

一个人要比别人优秀,除了拥有卓越的业务力外,还要拥有有效沟通和善于处理各种人际关系的能力。在商务场合,这表现为人要拥有优雅的专业形象和卓越的商务礼仪。

在任何商务活动中,都免不了宾主之间的迎来送往。在商务交流中,无论你的资金是否雄厚,也无论双方企业规模大小,交往的双方都是平等的。"敬人者,人恒敬之,爱人者,人恒爱之",在商务交往中获得对方的尊敬,也能为我们赢得更多的合作机会。

见面是人与人交往的一个重要的、彼此增进了解的机会,人们在沟通、交谈的同时,也能互相审视,在心里默默地做出喜欢或厌恶一个人的判断。

根据国际惯例,常见的见面礼仪有以下几种。

(一)握手礼仪

相传,在刀耕火种的时代,人们经常手持石头或棍棒作为武器,陌生者相遇,双方为了表示没有敌意,便放下手中的武器,伸出手掌,让对方抚摸自己的手掌心。久而久之,这种习惯逐渐演变为今日的握手礼。现在,握手已成为世界上最为普遍的一种礼节,其应用的范围远远超过了鞠躬、拥抱等。在日常交际中,我们必须注意握手的基本礼节。

1. 握手的次序

握手时，双方一般遵守"尊者先伸手"的原则，由位尊者先伸出手来，位卑者予以响应。握手可分为以下几种情况，其次序和基本规则也不同。

（1）男女之间握手。男士要等女士先伸出手。如果女士不伸手或无握手之意，男士则可向对方点头致意或微微鞠躬致意。男女握手，男士要脱帽和脱手套，如果偶遇，来不及脱帽或脱手套，就要及时道歉；女士除非与长辈握手，一般可不必脱手套。

（2）宾客之间握手。面对来宾，主人有先伸出手的义务。来宾抵达时，不论对方是男士还是女士，女主人都应该主动先伸出手。男士因是主人，尽管对方是女宾，也可先伸出手，以表示对来宾的热烈欢迎。在来宾告辞时，则应由来宾先伸出手来与主人相握，以此表示"再见"之意。

（3）长幼之间握手。长幼之间握手时，年长的人一般先伸出手，年幼者与长辈及年长者握手时，不论长辈及年长者是什么性别，年幼者都需要向前起身，并摘下帽子，以示敬意。

（4）上下级之间握手。上下级之间握手时，下级需等上级先伸手。

（5）一个人与多人握手。若是一个人需要与多个人握手，握手时应讲究先后次序，即先和年长者握手，后和年幼者握手，先长辈后晚辈，先老师后学生，先女士后男士，先上级后下级。

2. 握手的方式

握手的标准方式是，行至距握手对象约1米处，双腿立正，上身略向前倾，伸出右手四指并拢，大拇指张开，用整个右手与对方相握。握手时应用力适度，上下稍稍移动三四次，随后松开手恢复原状。握手时，还应注意以下几点。

（1）神态专注，应热情、友好、自然。在通常情况下，与人握手时，我们应面含微笑目视对方，并且互相问候。

（2）握手时，用力应适度，不轻不重，恰到好处。缺少应有的力度，会给人勉强和应付之感；用力太大，握得太用劲，也不符合礼仪规范。

（3）握手的时间通常是握紧后，双方道过问候，即可松开。握手的时间应根据与对方的亲密程度而定，与关系较亲近的人握手时，握手的时间可长一些。在公共场合如列队迎接外宾时，握手的时间一般较短。

3. 握手的禁忌

不要用左手与他人握手，尤其在与阿拉伯人、印度人打交道时，要牢记这一点，因为在他们看来左手是不洁的。不要在握手时争先恐后，而应当遵守秩序，依次进行。不要戴着手套握手，但这也有例外，比如在社交场合，女士可以戴晚礼服连袖手套握手。不要在握手时戴着墨镜，当然，如果握手的一方患有眼疾或眼部有缺陷，也可以戴着墨镜。在握手时，另外一只手不能插在衣服口袋里，也不能拿着香烟、报刊、公文包、行李等物品。不要在握手时面无表情、一言不发，因为这看起来是在敷衍和应付对方。不要在握手时发表长篇大论，或随意抒发感情，因为这显得过分客套，会让对方不自在、不舒服。不要在握手时把对方的手拉过来、推过去或者上下左右不停地抖动对方的手。

4. 握手的技巧

（1）主动与每个人握手。积极、主动地与每一个人握手，表达对对方的尊重；只有在你尊重别人时，才会受到别人的尊重。

（2）有话想与对方单独交流时，可在握手时示意对方找合适的地方交流。例如，如果你想与对方单独谈一些事，不巧的是旁边还有其他人，这时候你可走近对方，很礼貌地与其握手，告诉对方你的想法，此时，你需要直视对方，用言语和行动表达自己的真诚。

（二）鞠躬礼仪

在日本、韩国、朝鲜等国家和地区，鞠躬礼十分普遍。目前，在我国，人们主要用鞠躬表达感谢和敬意。例如，在讲演结束后，演员谢幕时，以及婚礼、追悼会等场合，人们都会鞠躬。

鞠躬时，要凝视受礼者，然后上身弯腰前倾。男士的双手应贴放于身体两侧，女士的双手则交叉放于身前，行鞠躬礼时，身体下弯的幅度越大，表示越敬重受礼人。

（三）拱手礼

拱手礼，又称作揖，是古时汉民族的相见礼，也是最具中国特色的见面问候礼仪。行礼时，双手互握合于胸前，一般右手握拳在内，左手在外；若为丧事行拱手礼，则正好相反。一说古人以左为敬，因为人在攻击别人时，通常用右手，所以拱手时，左手在外，以左示人，表示真诚与尊敬。行拱手礼时，双腿站直，上身直立或微俯，左手在前、右手握拳在后，两手合抱于胸前，有节奏地晃动两三下，并微笑着说出问候。

（四）点头礼

点头礼适用的范围很广，如路遇熟人或与熟人、朋友在会场、剧院等不宜交谈之处见面，以及遇上多人而又无法一一问候之时，都可以点头致意。点头礼的做法是头部向下轻轻一点，同时面带笑容。注意不要反复点头不止，点头的幅度不宜过大。

（五）举手礼

行举手礼的场合与行点头礼的场合大致相似，举手礼最适合用于向距离较远的熟人打招呼。行举手礼时，举起右臂，右手掌心向着对方，拇指向外，其他四指并拢，手轻轻左右摆动一两下；不要将手上下摆动，也不要在手摆动时把手背朝向对方。

（六）脱帽礼

脱帽礼来源于冷兵器时代，当时，作战者都要戴头盔，头盔多用铁制，十分笨重。战士到了安全地带，首先会把头盔摘下，以减轻沉重的负担。这样脱帽就意味着没有敌意，如到友人家，为表示友好，也以脱盔示意，这种习惯流传下来，就是今天的脱帽礼。

男性在社交场合，可以脱帽向对方表示尊重。遇到熟悉的人，如果双方相隔较远，不能握手致意时，可以轻轻脱下帽子，向对方微微颔首。这也是一种常用的社交礼节。在庄重的场合，如参加重要的集会、奏国歌、升国旗时，除军人行注目礼外，其他人都应该脱帽。在悲伤的场合，如参加追悼会、向死者遗体告别时，在场者也应该脱帽。

（七）注目礼

行注目礼时，应起身立正，抬头挺胸，双手自然下垂或贴放于身体两侧，笑容庄重，双目正视受礼对象，或目光随之缓缓移动。一般在升国旗等情况下，要行注目礼。

（八）合十礼

在东南亚、南亚信奉佛教的国家和地区，以及我国傣族聚居区，行合十礼最为普遍。行合十礼时，双掌合十放在胸前，手指向上，指尖和鼻尖基本持平，手掌向外侧倾斜，双腿站立，上身微欠，低头，可以口颂祝词或问候对方，也可面带微笑，但不能手舞足蹈，也不能反复点头。一般来说，行此礼时，双手举得越高，越体现出对对方的尊重，但原则上双手不可高于额头。

（九）拥抱礼

在西方，特别是在欧美国家和地区，拥抱礼是十分常见的见面礼与道别礼。人们在表示慰问、祝贺、欣喜时，常行拥抱礼。行正规的拥抱礼时，两人面对面站立，各自举起右臂，将右手搭在对方左肩后面，左臂下垂，左手扶住对方腰右后侧；首先各向对方左侧拥抱，其次各向对方右侧拥抱，最后各向对方左侧拥抱，一共拥抱三次。在普通场合，行礼不必如此讲究，次数也不必完全遵照这个规范。

（十）亲吻礼

亲吻礼也是西方国家常用的见面礼，有时人们将它与拥抱礼同时使用。行亲吻礼时，忌讳发出亲吻的声音，而且不应将唾液弄到对方脸上。行亲吻礼时，双方关系不同，亲吻的部位也有所不同。长辈亲吻晚辈，应当亲吻额头；晚辈亲吻长辈，应当亲吻下颌或面颊；同辈之间，通常贴面颊，异性应当亲吻面颊。亲吻嘴唇仅限于夫妻与恋人之间，不宜滥用。

（十一）吻手礼

吻手礼主要流行于欧美国家。吻手礼的受礼者，只能是女士，而且应是已婚妇女。行吻手礼时，男士行至已婚妇女面前，首先垂手立正致礼，然后以右手或双手捧起女士的手，俯首以自己微闭的嘴唇去象征性地轻吻女士的手背或手指，行礼的地点以室内为佳。

二、乡村旅游讲解员接待之介绍礼仪

介绍是社交活动中最常见也是最重要的礼节之一，介绍在人与人之间的会面中起协调与沟通作用。在得体的介绍中，几句话就可以缩短人与人之间的距离，为双方的进一步交往开个好头。

（一）介绍的基本规则

为他人做介绍时，必须遵守尊者优先了解情况的规则。在为他人做介绍前，先要确定双方地位的尊卑，先介绍位卑者，后介绍尊者。具体来说，先将男士介绍给女士，先将年轻者介绍给年长者，先将未婚女子介绍给已婚女子，先将职位低的介绍给职位高的，先将自己的家庭成员介绍给对方。进行集体介绍时，在被介绍者双方地位、身份大致相同或者难以确定的情况下，应当先介绍人数较少的一方，后介绍人数较多的一方。

（二）介绍的方式

1. 自我介绍

在一些场合，如果对方不认识自己，自己又有意与其认识，而现场没有他人从中介绍时，往往需要自我介绍。

进行自我介绍时，应先面带微笑，温和地看着对方，说声"您好"，以引起对方的注意，然后报出自己的姓名、身份，并简要表明结识对方的愿望或缘由。

进行自我介绍时，态度要友善、亲切，要充满信心和勇气，敢于正视对方的双眼，显得胸有成竹，语气要自然，语速要正常，语音要清晰。

自我介绍的内容要力求简洁，尽可能地节省时间。自我介绍时，所表述的各项内容一定要实事求是，真实可信；没有必要过分谦虚，也没有必要一味贬低自己或讨好别人，也不可自吹自擂、夸大其词。

2. 介绍他人

为他人做介绍的人一般由社交活动中的主办方、社交场合中的长者、家庭聚会中的女主人、公务交往活动中的公关人员（如礼宾人员、文秘人员、接待人员等）等担任。

（1）介绍的内容。

在为他人做介绍时，介绍者对介绍的内容应当字斟句酌，慎之又慎。介绍的内容要实事求是，掌握好分寸。

在正式场合，介绍的内容以双方的姓名、单位、职务等为主，如说："我来给两位介绍一下。这位是 A 公司的公关部主任李芳女士，这位是 B 公司的总经理古洋先生。"

在一般的社交场合，介绍内容往往只有双方姓名一项，甚至可以只提到双方姓氏。例如，介绍者可说："我来介绍一下，这位是老王，这位是小李，你们认识一下吧。"

在比较正式的场合，介绍者有备而来，有意将某人举荐给别人，因此在内容方面，通常会对前者的优点加以重点介绍，例如，介绍者可以说："这位是李明先生，这位是我们公司的林楠总经理。李先生是一位管理方面的专业人士，是北京大学的高才生。林总，我想您一定很想认识他吧。"

（2）介绍的程序。

介绍者为被介绍者进行介绍之前，不仅要尽量征求被介绍双方的意见，而且在开始介绍时，还应再打一下招呼，避免让被介绍者措手不及。被介绍者在介绍者询问自己是否有意认识某人时，一般不应加以拒绝，也不应扭扭捏捏，而应欣然表示接受；实在不愿意时，则应说明原因。

当介绍者走上前来，开始为被介绍者进行介绍时，被介绍的双方应起身站立，面含微笑，大大方方地注视介绍者或者对方，神态应庄重、专注。

当介绍者介绍完毕后，被介绍双方应依照合乎礼仪的顺序进行握手，并且彼此问候对方，此时的常用语有"你好""很高兴认识你""久仰大名""认识你非常荣幸""幸会，幸会"等。必要时，还可进一步做自我介绍。

三、乡村旅游讲解员接待之名片礼仪

在一张小小的名片上，一个人的姓名、职务、电话等信息一目了然，在交往中，熟悉和掌握名片的有关礼仪是十分重要的。讲解员在接待各方来宾时，尤其要注意名片的使用礼仪。

（一）名片的用途

对现代人来说，名片是一种重要的交往工具，其用途是多方面的。例如，人们可以用名片来介绍自己，从而与别人建立起某种联系。

要使名片在人际交往中正常地发挥作用，还须用法得当。

通常，在我们希望认识对方时，被介绍给对方时，对方提议交换名片时，对方向自己索要名片时，初次登门拜访对方时，通知对方自己的工作信息变更时，或者打算获得对方的名片时，我们都需要与对方交换名片。

（二）递送、接受和索取名片的礼仪

1. 递送名片的礼仪

我们应当事先将名片放在身上易于取出的位置，取出名片后先郑重地握在手里，然后在适当的时机得体地交给对方。名片的持有者在递送名片时，要动作洒脱大方，态度从容自然，表情亲切谦恭。

递送名片时，要双手递过去，以示尊重。名片的文字正向朝着对方，以便对方观看；若对方是外宾，则最好将名片上印有对方认得的文字的那一面面对对方。递送名片的同时，可以说"请多联系""请多关照""有事可以找我"之类友好、客气的话。

递送名片的时间，应当根据具体情况而定。如果名片持有者与其他人事先有约，一般可在告辞时再递上名片；如果双方只是偶然相遇，则可在相互问候、得知对方有与你交往的意向时再递送名片。

与多人交换名片时，要注意讲究先后次序，或由近而远，或由尊而卑，一定要依次进行。

2. 接受名片的礼仪

首先，接受他人的名片时，应恭敬地双手接住，并道谢。其次，应当认真地看看名片上显示的内容。必要时，可从上到下、从正面到反面看一遍，还可以把名片上的姓名、职务（较重要或较高的职务）读出声来，以表示对赠送名片者的尊重，也能使自己加深对对方的印象。最后，要把名片妥善地收好。

在别人给了名片后，如有不认识或读不准的字，要虚心请教。请教他人的姓名丝毫不会降低你的身份，反而会使人觉得你是一个对待事情很认真的人，可让对方增加对你的信任。

接受名片时，应避免这些行为：马马虎虎地用眼睛瞟一眼名片上的信息，然后顺手将名片塞进衣服口袋里；或随意地将名片往裤子口袋一塞，或往桌上一扔；或在名片上压东西，以及在名片上沾染污渍；或者离开时把名片落在桌子上。这些行为是对别人人格的不尊重，会使对方感到不快。

在收到了别人的名片后，也要记住给别人自己的名片；如果自己手上的名片已经用完了，要向对方说明。

3. 索取名片的礼仪

如果没有必要，最好不要强索他人名片。若想索取他人名片，则可委婉表达自己的想法。例如，可向对方提议交换名片，然后主动递上本人的名片，并询问对方"今后如何向您请教？"（向尊长者索要名片时多用此法），或询问对方"以后怎么与您联系？"（向平辈或晚辈索要名片时多用此法）。

反过来，当他人向自己索取名片时，如果自己不想给对方，也应以委婉的方式表达此意。例如，可以说"对不起，我忘记带名片了"或"抱歉，我的名片用完了"。

四、乡村旅游讲解员的沟通礼仪

语言是人类的交际工具，是人们沟通信息、交流思想、联络感情、建立友谊的桥梁。在日常生活中，人们表达同样一个意思，所用的语言不同，能给人造成不同的印象。我们倡导语言礼仪，目的是通过语言传递尊重、友善、平等的信息，给人以美的感受。在社交场合中，人们的言谈沟通应该遵守一定的规则，言之有据，言之有理，言之有情，言之有文，这样才能使交谈达到理想的效果。

古人有云："善言者必先善听。"倾听是沟通最根本的艺术所在。

（一）倾听礼仪

1. 克服听的障碍

在社会交往中，我们了解和把握对方情感意图的主要手段和途径就是听。从日常生活的经验来看，当我们专注地倾听别人讲话时，就表示我们对说话者所表达的观点很感兴趣或很重视，能体现我们对对方的重视，也能使对方产生一种满足感。在社交场合，我们一定要学会如何"听"。在认真、专注地倾听的同时，我们还要积极地对说话者的言语做出反应，以便获得较好的沟通效果。为了更好地倾听，我们首先必须克服听的障碍。常见的听的障碍表现在以下几个方面。

（1）判断性障碍。

心理学家通过多年的实践得出结论：人们喜欢对别人的话进行判断和评价，然后决定赞成或不赞成，这是造成不能有效倾听的重要原因之一。人们喜欢判断耳闻目睹的一切信息，并且习惯从自己的立场出发来判断别人的话对错与否。个人根据经验做出的反应往往是有效倾听的严重障碍，这还会干扰对方正确表达自己的思想，常常使对方无意识地进行心理防御，导致对方不能准确地传递信息，最终造成沟通障碍。交谈中，即使是赞美对方的话，也会造成听的障碍，因为赞美往往使人陶醉于其中，从而使人不能保持原有的思维过程。

（2）精力分散障碍。

一个人的社交活动日程安排得太紧凑时，个人往往会因得不到充分的休息而出现精力不集中，或产生少听、漏听的现象。

人与人之间客观上存在着不同的思维方式，人的思维方式可分为收敛型和发散型。如果一方的思维方式属于收敛型，而另一方的思维方式属于发散型，那么由于收敛型思维的人思维速度较慢，发散型思维的人思维速度较快，双方就很难做到听与讲的一致，常见的表现是收敛型思维的人会产生思路跟不上对方或精力无法迅速集中，而出现少听或漏听的现象。

(3) 带有偏见的听。

在交流过程中，有时候我们会先对别人所说的话进行价值上的判断，在主观色彩比较浓的前提下去倾听，或者因为讨厌对方的外表、衣着等原因而在心理上拒绝倾听，这都是带有偏见的听，会造成倾听的障碍。

(4) 无法理解讲话内容。

在一些商务谈判中，谈判双方往往会涉及一些行业领域的专业知识。如果谈判人员对专业知识的掌握有限，在谈判中就会由于知识的限制而产生倾听障碍。特别是在国际商务谈判中，语言上的差别也会造成倾听障碍。如果谈判人员对对方的市场情况、价值观、传统观念、宗教信仰和社会习俗等一无所知，就无法很好地理解对方的语言，也无法进行积极有效的交流。

(5) 环境干扰。

环境的干扰常常会使人的注意力分散，从而形成倾听障碍。客观环境的干扰会分散人的注意力，造成人无法准确理解对方话语中的深层含义。说话者的外表、表情、形象、气质等都会使对方在倾听过程中的注意力受到不同程度的影响。听话者可能被对方的外表谈吐等所吸引，将注意力过多地放在"看"对方而不是倾听对方的谈话，也可能因厌恶对方无意中做出的某一个表情而拒绝倾听对方所讲的全部内容。这些都属于环境干扰，都会影响听的效果。

2. 有效倾听的策略

(1) 全身心投入地听。

倾听时，倾听者要面向说话者，同其保持目光接触，以证明自己在倾听，同时表达自己对对方的尊重。无论自己是站着还是坐着，都要与对方保持适宜的距离。

(2) 全面理解对方讲话的内容。

倾听时，倾听者不仅要努力理解对方语言的含义，而且要努力理解对方语言中的深层含义。倾听者只有了解对方的文化背景、价值取向和语言特点等，才能保证全面理解对方讲话的内容。

(3) 努力表达自己的理解。

在与对方交谈时，倾听者要努力弄明白对方到底想说什么。如果倾听者能全神贯注地听对方讲话，倾听者一般能准确理解对方的想法。交谈中，倾听者适时地与对方进行眼神交流，或做出轻轻点头的动作，或做出认真思考，这些都是尊重对方的表现。

3. 倾听的技巧

我们可以将倾听的技巧归纳为"五要"和"五不要"。

(1) "五要"。

第一，要专心致志地听。专心致志地听是一种耐力和修养的体现。专心致志地听要求我们在听对方讲话时要聚精会神，避免出现心不在焉、走神等情况。即使对方说的是自己已经熟知的内容，也不可充耳不闻，不可将注意力分散到其他问题上去，因为这样非常容易出现万一说话者的内容有隐含意义时，我们就没有领会到或理解错误，造成失礼。因此，专心致志地听是倾听中最基本、最重要的问题。

第二，要通过记笔记来集中精力听。在一些重要场合，特别是会议或谈判场合，做笔记有利于听话者整理思路，标记重点和要点内容，也是对对方表示尊重的一种做法。俗话说，好记性不如烂笔头，人的记忆能力是有限的，为了弥补这一不足，记笔记不失为一种好方法。

第三，要有鉴别地倾听对方的话。在专心倾听的基础上，为了达到良好的倾听效果，听话者要有鉴别地倾听对方的话。通常情况下，人们说话时总是边说边想，在整理思路的时候，人们可能会在不经意间重复已经说过的话，如果听话者心不在焉，很有可能找不到说话者要说的重点。因此，听话者就要在用心倾听的基础上，鉴别所听信息的真伪，去粗取精、去伪存真，这样才能抓住重点，获得良好的听的效果。

第四，要克服先入为主倾听的做法。先入为主的倾听，指的是听话者扭曲了说话者的本意，忽视或拒绝与自己心愿不符的意见。这种做法很不妥当。在这种情况下，听话者不是从说话者的立场出发来分析对方的讲话，而是按照自己的主观想法，来听自己想听、愿意听的内容。其结果往往是导致听话者接收的信息不准确，或者导致听话者判断失误。因此，听话者要克服先入为主的倾听做法，将说话者的意思听全、听懂，这才是倾听的关键。

第五，要创造良好的交际环境。人们都有这样一种想法，即在自己熟悉的环境里交谈，当人们处于陌生的环境时，需要先适应环境。如果人们能够避免一些诸如环境噪声、空间压迫、时间仓促等外在因素的干扰，使交流顺畅地进行，则能更好地倾听与理解。

（2）"五不要"。

第一，不要因抢话或急于反驳而放弃听。我们需要知道的是，听话者问话和抢话不同。听话者问话，一般情况下是由于未能记住或理解说话者表达的某个信息或意思，而要求对方给予解释或重复，因此问话是必要的。抢话可能是纠正说话者话中的错误，或用自己的观点来取代别人的观点。这是一种不尊重他人的不礼貌的行为。因此，抢话往往会打断双方的思想和感情交流，造成不友好、不和谐的环境气氛，非常不利于双方的沟通。另外，如果听话者在没有听完对方讲话的时候就急于反驳对方的某些观点，可能会出现断章取义的现象，也会影响自己倾听的效果。

第二，不要使自己陷入争论。当你在内心深处不同意说话者的观点时，对他的话不能充耳不闻，也不能心不在焉，更不能和对方发生争吵。如果你不同意对方的观点，也需要尊重对方说话和表达的权利，应等对方说完以后再阐述自己的观点。

第三，不要为了急于判断问题而耽误听。听对方讲述有关内容时，不要急于判断其正误，因为这样会分散自己的精力，耽误我们倾听对方接下来要说的内容。

第四，不要回避难以应付的话题。在一些商务谈判中，谈判双方往往会涉及诸如技术、经济、人员协调等方面的问题。如果对方提出某些棘手的问题，我方谈判人员一时难以做出回答,这时,切不可对问题持充耳不闻的态度,因为这样回避对方会被对方误认为是傲慢失礼。

第五,不要逃避交往的责任。交往的双方缺一不可,既要有说话者,又要有听话者,而且每个人都应轮流扮演听话者的角色。作为听话者,不管什么情况下,如果不明白对方说的话是什么意思,就应该用各种方法使对方知道这一点,比如,可以向对方提出问题加以核实,或者积极地表达你的想法,或者虚心地让对方纠正你听错或理解错的内容。

了解自己听的习惯,是正确运用听的技巧的前提。倾听者要了解自己在听的方面有哪些不好的习惯,如是否对别人的话匆忙做出判断,是否经常打断别人的话,是否经常制造交往的障碍等。倾听自己的讲话对培养倾听他人讲话的能力是特别重要的。倾听自己的讲话可以使我们了解自己,改善听的不良习惯,养成好的倾听态度和习惯。

(二)通话礼仪

通话交流是办公的主要手段之一,打电话是一种传递信息、获取信息、保持联系的方式。通话礼仪在现代职场中的作用非常突出,所以我们需要特别注意培养得体的电话礼仪。

1. 常规电话沟通礼仪

在通话的过程之中,一个人的语音、声调、态度等能够真实地体现出个人的素质、待人接物的态度,以及企业的整体素质和水平。

(1) 接电话的礼仪。

在服务行业,一般要求铃响两声接电话。铃声一响就接电话,往往会使对方来不及思考和做出反应;铃响三声以后再接电话,往往会让对方因等待时间过长而心生烦躁,同时也会给对方留下工作效率不高的印象。如果没有及时接电话,应主动向对方致歉。进行电话沟通时,通话的双方并不是面对面地交谈,表面上看,双方都看不到对方的态度与表情;但是实际上,双方完全可以在通话过程中感受到对方的态度。所以,接电话时,态度应当热情、谦恭。作为服务人员,最好是双手捧起话筒,以站立的姿势,面含微笑地与对方友好通话。

具体来说,在商业服务中,接电话的标准程序为:第一步,铃响两声后接电话;第二步,自己主动说明企业或部门名称(外线电话报企业名称,内线电话报部门名称);第三步,认真倾听对方的来电事由,如需他人接电话,应请对方等候,然后轻轻放下电话,迅速去告知他人来接电话(酒店总机在转接电话时,应事先留意住店客人是否说明免电话打扰,只有征得客人许可,才能将电话接转到客人的房间);第四步,如果对方咨询或要求某事,应及时记录,并及时向对方确认;第五步,等对方挂机后再轻轻放下电话。

(2) 打电话的礼仪。

打电话时,应该选择合适的时间。如果是白天,应选择在8时以后,如果是节假日，最好在 9 时以后，如果是晚间，则应在 22 时以前。另外，在 13～15 时也尽量不要给别人打电话，因为很多人都选择在这个时候放松休息。非特殊需要，不要在半夜、清晨或别人吃饭、休息的时间打电话，以免引起对方的反感。如拨打国际电话，还要考虑时差问题。

给上级打电话请示或汇报工作时，不要显得过于拘谨，谈吐应自然得体，讲话时要开门见山、条理清晰；给下级打电话时，态度要谦和，注意不摆架子，不打官腔。

在家里打电话时，应注意不要影响家人休息；在单位打电话时，应放低声音，尽量不影响同事办公；若使用公用电话，应该长话短说。

打电话前，应理清思路，拟好谈话要点和顺序，切忌表达含混不清、语无伦次，因为这样会耽误时间，影响工作。具体来说，拨打电话的标准程序为：第一步，预先将电话内容整理好，以免临时思考浪费时间，或遗漏重要事项；第二步，准确拨号；第三步，待对方接电话后，进行得体的问候；第四步，自报企业、部门名称，以及个人姓名和职位；第五步，使用敬语，说明要找的人的姓名，或委托对方转接要找的人；第六步，按事先的准备，条理清晰地简述要点内容；第七步，确认对方是否明白或是否记录清楚；第八步，说再见；第九步，等对方挂机后，自己再轻轻放下电话。

2. 手机沟通礼仪

在公共场合，没有使用手机时，要将手机放在合乎礼仪的常规位置。放手机的常规位置包括随身携带的公文包、上衣的内袋。尽量不要把手机放在桌子上。

在与别人洽谈要事的时候，最好的方式是关机，如果担心有紧急情况，最起码要将手机调到静音状态。这样既能显示出对别人的尊重，又不会打断双方谈话的思路。

在剧场、图书馆、医院里，或者在公交车上接打电话时，要控制音量，避免因接打电话声音过大而影响他人。

拨打对方的手机时，尤其当知道对方是身居要职的人时，首先要注意这个时间对方是否便于接听，并且要有对方不方便接听的准备。应注意从听筒里传出的声音来辨别对方所处的环境。例如，如果很静，应想到对方是不是在开会；当听到噪声很大时，应想到对方很可能在室外。不论在什么情况下，是否继续通话还是由对方来决定比较好，我们可以询问对方："您现在通话方便吗？"其实，在没有事先约定和不熟悉对方的前提下，我们很难知道对方什么时候方便接听电话。因此，在有对方其他的联络方式时，除了紧急事务外，我们一般不用手机沟通。

在公共场合，特别是楼梯、电梯、路口、人行横道等地方，不可以旁若无人地使用手机打电话，要注意不能影响别人通行，也不能因为自己打电话声音过大而引起别人反感。

就餐时，关掉手机或是把手机调到静音状态还是很有必要的，这样可以避免大家正吃到兴头上的时候被手机来电铃声打断。

不要在别人和你交谈的时候查看短信。一边和别人说话,一边查看手机短信,这是对别人不尊重的表现。

在开车时,要遵守有关规定,不能接打电话;在飞机上,要按规定把手机关机或设置为飞行模式。

发送短信时,要注意时间;不要编辑或转发不健康或误导人的短信;短信的内容要简洁,语言要规范,不要有错别字,用语要合乎礼仪,要根据情况恰当署名。

3. 常用的几种礼貌用语

礼貌是一个人的思想道德水平、文化修养、交际能力的外在表现,是人类为维系社会正常生活而共同遵守的最起码的道德规范,它是人们在长期共同生活和相互交往中逐渐形成的,并且以风俗、习惯和传统等方式固定下来。礼貌包含着对他人尊重、宽容、谦让及与人为善等良好品质。

(1) 问候语。

问候语不一定具有实质性内容,而且可长可短,需要因人、因时、因地而异。问候语应当删繁就简,不要流于形式,说问候语时,应带有友好之意、敬重之心,避免在问候语中过多提及个人私生活及禁忌话题。

跟初次见面的人寒暄,最标准的说法是"您好""很高兴能认识您""见到您非常荣幸";如果想比较文雅一些,可以说"久仰""幸会"等。跟熟人寒暄,用语则不妨显得亲切一些、具体一些。西方人爱说"嗨";中国人则爱问"去哪儿""忙什么""最近身体怎么样""吃了吗""好久没见了""又见面了""上班去吗",以及"您气色不错""您的发型真好看""您的孩子好可爱呀"等。

人们在路上相遇的时候,常会出现边走边打招呼的情况。如果遇到的是朋友或者很亲密的熟人,通常要停下来,身体面对对方打招呼。当然,这也要视情况而定,如果朋友或者很亲密的熟人有急事不能停留,也不能勉强。因为有些时候,对方可能不希望将隐私过多地暴露在别人面前。

颔首礼也是比较恰当的问候方式,其适用的范围很广,如与熟人在会场、剧院、图书馆等不宜交谈之处见面,以及遇上多人而又无法一一问候之时,可以点头致意。

(2) 感谢语。

感谢他人的方法有口头道谢、书面道谢、打电话道谢、托人道谢之分。一般来说,当面口头道谢的效果最佳;专门写信道谢,如获赠礼品、赴宴后这样做,也有很好的效果;打电话道谢的时效性强一些,且不易受干扰;托人道谢的效果会差一些。

当面对面向别人表示感谢时,态度一定要认真、诚恳、大方;话要说得清楚、直截了当,不要语言含混不清,或把表达感谢之意表现得像完成任务一样;表情要与语言配合,要正视对方的眼睛,面带微笑;必要时,还须与对方握手致意。接受对方致谢时,应该用"别客气""不用谢""没关系""请不要放在心上"等作为回应。

(3) 致歉语。

向对方致歉时，要用"对不起""请原谅""很抱歉""请稍等""请多包涵"等。接受对方致歉时，应该用"没关系""请不要放在心上"等作为回应。

(4) 道别语。

道别是人际交往中的重要时刻，如果一个人在道别时能留给人留下美好的印象，对个人以后的发展和人际交往都是有益处的。按照常规，道别应当由来宾率先提出来，这显得更为妥当。

在道别时，应该适度寒暄，如对长者、师者表示问候，请对方保重身体等；对待同辈朋友，可以问候其父母，祝其安康；也可根据实际情况，向对方表达良好的祝愿。作为主人，在与客人道别时，应当注意四个环节：一是应适当加以挽留，二是应当起身在后，三是应当伸手在后，四是应当相送一程。

常用的道别语有以下三种。

一是宾主之间的道别语。客人向主人道别时，应该说"请回""请留步""就此告辞""后会有期"等，主人则以"慢走""走好"等话语作为回应。如果客人是远行，可以说"祝你一路顺风""一路平安""代代我向某人问好""请多多保重"等。

二是熟人之间的道别语。如果两家距离较近，可以说"有空再来""有时间来坐坐""有空来喝茶"等，也可以说"代问您家人好"。

三是大部分场合常用的道别语。"再见"是当今比较通用的道别语，适用于大部分场合的道别。

五、乡村旅游讲解员其他接待礼仪

（一）会议礼仪

1. 设有长方形会议桌的会议

长方形会议桌适用于内部会议或者双边谈判。进行内部会议时，职务最高的人应该坐在长方形会议桌短边的一侧，并且应该面对门或离门尽量远一些。

2. 设有椭圆形会议桌的会议

椭圆形会议桌适用于内部会议，职务最高的人位于椭圆形会议桌的一头，并且应该面对门或离门尽量远一些。

3. 设有圆形会议桌的会议

圆形会议桌适用于回避座次概念的内部会议或者多边谈判。圆桌会议刻意体现与会人员平等、互利的原则，淡化了尊卑概念。在入座时，参会人员一般按照国际惯例，各方与会人员应该尽量同时入场，主方人员不能在客方人员到场之前就座。

4. 设有主席台的会议

内部大型会议或者对外新闻发布会一般采用这样的会议形式。主席台座次排列原则为前排高于后排，中间高于两边，右边高于左边。主持人的位置可以在前排中间或最右端，发言席在主席台正前方或右前方，台下与会人员与主席台面对面，遵循同样的座次排列原则。

5. 会见

官方或正式会见时，可以安排宾主并排而坐，客人坐在右侧。主客随行人员分别在两侧就座，与宾主双方呈"U"字形。

6. 茶话会

茶话会一般不针对具体的商务事宜，主要以联谊和沟通为目的，是商务色彩不太明显的一种会议形式。茶话会可以不讲究座次礼仪，以方便于大家交流为主。以下四种排位形式可以作为参考。

（1）环绕式。环绕式不设主席台，把座椅、沙发、茶几摆放在会场的四周，不明确座次的具体尊卑，与会者在入场后自由就座。这一安排座次的方式与茶话会的主题最相符，也最流行。

（2）散座式。散座式常见于在室外举行的茶话会。座椅、沙发、茶几四处自由地组合，甚至可由与会者根据个人要求而随意安置。这样就容易创造出一种宽松、惬意的社交环境。

（3）圆桌式。圆桌式是在会场上摆放圆桌，与会者在圆桌周围自由就座。这适合较少人参加的会议。

（4）主席式。主持人、主人和主宾被有意识地安排在一起就座。医院召开大型会议一般采用此种排座方式。如果受邀参加一个排定座次的会议，最好由工作人员将自己引导到座位上去，尽量不要坐错位置。

（二）谈判礼仪

谈判中以礼待人，更能体现出自身的教养与素质。一般而言，谈判的礼仪重点涉及谈判地点、谈判座次、谈判表现、签字仪式等方面。举行正式谈判时，有关各方在谈判现场具体就座的位次有非常严格的礼仪要求。

谈判中座次的安排是谈判中一种重要的空间语言。很多研究表明，谈判中座位的安排大有学问，双方是面对面坐着还是采取某种随意的座次安排，代表着不同的意义。谈判座位的安排包括两个方面的内容：一是台桌和椅子的大小选择；二是台桌或椅子的相对位置。

如果谈判较为正式，台桌和椅子的安排应给人以平等的感觉；如果谈判是非正式的，台桌和椅子的安排应注意有利于创造和谐的谈判气氛；座位应避免刺眼的光线直射，除非是在审讯等特殊场合；桌面上可根据需要放置一些必要的具有象征意义的物件（如国旗、公司标志、花卉等）或摆放一些水果和饮料；要避免在桌面上放置电话、台钟之类易对谈判双方产生干扰的物品；某些不适宜摆上谈判桌但又必需的东西（如文件等）可放在谈判桌的下面一层或置于谈判人员身后的桌上，或交给随行人员保管。

双边谈判是指由两个谈判主体进行的谈判，是目前最常见的一种谈判形式。双边谈判的座次排列主要有两种形式可供选择：一种是横桌式，另一种是竖桌式。两者均使用长桌或椭圆形桌子。横桌式即谈判桌在谈判厅里横着摆放，竖桌式即谈判桌在谈判厅里竖着摆放。两者有相同之处，也有操作上的具体差异。

在横桌式谈判中，客方人员面门而坐，主方人员背门而坐。除双方主谈者居中就座外，各方的其他人员则应依其身份的高低以各方主谈者为中心一右一左依次排列就座。双方主谈者的右侧之位，往往是谈判中的副手，在涉外谈判中，这个位置一般坐的是译员。

在竖桌式谈判中，以进门时的方向为准，右侧由客方人员就座，左侧由主方人员就座，其他方面与横桌式谈判排座方式相仿。

（三）乘车礼仪

小轿车是商务活动中最为常见的交通工具。小轿车的座次排列也非常讲究。

小轿车的前排特别是副驾驶座，是车上最不安全的座位。因此，在社交场合，不宜请女性或儿童在副驾驶座就座。在公务活动中，副驾驶座特别是双排五座小轿车上的副驾驶座被称为"随员座"，一般专供秘书、翻译、警卫、陪同等随行人员就座。一般情况下，上下小轿车时，应该让客人先上车、后下车，尊者先上车、后下车，位卑者则应当最后上车，最先下车。当然，也可灵活应对，如果很多人坐在一辆车中，谁最方便下车，谁就最先下车。在小轿车抵达目的地时，若有专人恭候在此，并负责拉开小轿车的车门，则位尊者也可率先下车。小轿车的驾驶员有可能是主人，也有可能是专职司机，在这两种情况下，小轿车里的座次也是不一样的。

1. 主人亲自驾车

主人亲自驾车时，若只有一名游客乘车，则游客应该坐在副驾驶座上；若有多名游客乘车，则必须推举一名游客在副驾驶座上就座，否则就是对主人的失敬。

一般情况下，在双排五座小轿车上，除司机座位以外，其他四个座位的座次由尊到卑依次为副驾驶座、后排右座、后排中座、后排左座；在三排七座小轿车中，除司机座位以外，其他六个座位的座次由尊到卑依次为副驾驶座、中排右座、中排左座、后排右座、后排中座、后排左座。

2. 专职司机驾车

在双排五座小轿车中，除司机座位以外，后排右座为尊位，中座次之，左侧更次，副驾驶座最次，这个位置一般是助手、接待或陪同人员坐的；在三排七座小轿车中，除司机座位以外，其他六个座位的座次由尊到卑依次为中排右座、中排左座、后排右座、后排中座、后排左座、副驾驶座。

人们在乘车就座的过程中，可能会出现互相谦让的情况。在相互谦让座位时，除对位尊者要给予特殊礼遇之外，对待同行人员中的地位身份同等者也要以礼相让。倘若座位有尊有卑，座位所处的具体位置有好有坏，或者座位不够时，应当请妇女、儿童、老年人、残疾人或身体健康状况欠佳者优先就座。即便不认识对方，在必要的时候，也应当自觉地为他们让座。让座时，应当表现得大大方方，不要虚情假意。倘若对方为自己让座，不论是否认识，都应该立即向对方致谢。

（四）步行引领礼仪

1. 一般行走礼仪

一般情况下，两人并行，右者为尊；两人前后行，前者为尊。三人并行，中者为尊，右边次之，左边更次；三人前后行，前者为尊。

与客人并排行进和一前一后行进时，有不同的位次安排，并排行进的要求是，中央高于两侧，内侧高于外侧。一般情况下，应该让客人走在中央或者内侧，有种说法叫作"把墙让给客人"。与客人前后行进，即前后呈一条线行进时，标准的做法是前方高于后方，以前方为尊。如果没有特殊情况，应该让客人在前面行进，把选择前进方向的权利交给客人。

步行时，还应注意以下几个禁忌。

一是忌行走时与他人相距过近，避免与对方发生身体碰撞，如果不小心发生身体碰撞，务必及时向对方道歉。在客人不认路的情况下，陪同引导人员要在前面带路。陪同引导人员的标准位置是在游客左前方1～1.5米处。

二是忌行走时尾随于他人身后，甚至对其窥视、围观或指指点点。在不少国家，此举会被视为侵犯人权。

三是忌行走时速度过快或者过慢，以免影响周围人的行进。

四是忌一边行走一边吃喝东西，忌一边行走一边抽烟。那样不仅不雅观，而且还会妨碍别人。

五是忌与已成年的同性在行走时勾肩搭背、搂搂抱抱。

2. 走楼梯的礼仪

上下楼梯是在商务交往中经常出现的情况。上下楼梯时，应前后行进，以前方为上。如无特殊原因，应靠右侧前后行进。

上下楼梯时，要注意以下禁忌。

上楼梯时，应引导尊者，请其走在前面；下楼梯时，自己走在前面，这样可以保证对方的安全。

步伐要轻，注意姿态、速度，不能拥挤、奔跑。

靠右单行，不应多人并排行走，以方便对面的人上下。这是国际通行的惯例。

尽量少交谈，更不应站在楼梯上或转角处深谈，以免妨碍他人通过。

保持与前后人员的距离，以防碰撞。

若携带较多物品上下楼梯，应等楼梯上人较少时再走，以免相互影响。

男女同上楼梯时，男士应该走在女士的前面；否则，走在后面的男士视线正好落在女士的腰、臀部，这属于失礼行为，会让女士感到不舒服。下楼梯时，适用女士优先的原则。

在很宽的走廊或楼梯上通过时，应让女性、身份尊者走在中间，男性或引导者走在外侧。乘坐自动扶梯时，要遵循靠右站立的原则，把左侧留给急行的人。

（五）电梯礼仪

1. 出入电梯的礼仪

（1）出入有人控制的电梯。

出入有人控制的电梯时，陪同人员应后进后出，让客人先进先出。如果客人初次到访，对地形不熟悉，则陪同人员应该为他们指引方向。

（2）出入无人控制的电梯。

出入无人控制的电梯时，陪同人员应先进后出，并控制好开关按钮。电梯在楼层的停留时间一般设定为30秒或者45秒，有时游客较多，可能后面的游客来不及进入电梯时电梯门就自动关上了，所以陪同人员应先进电梯按住开门按钮，让电梯门保持较长的开启时间，避免给客人造成不便。陪同客人或长辈出入无人控制的电梯时，还要注意以下几点。

① 陪同客人或长辈来到电梯门前，陪同人员先按电梯呼梯按钮。轿厢到达，电梯门打开时，若客人或长辈不止一人，陪同人员可先行进入电梯，一手按开门按钮，另一手拦住电梯侧门，礼貌地说"请进"，请客人或长辈进入电梯轿厢。如果只有一个客人或长辈，则陪同人员可以和其并排进入电梯。

② 进入电梯后，陪同人员要按下客人或长辈要去的楼层按钮。若电梯行进时，有其他人员进入电梯，可主动询问对方要去几楼，并帮忙按下按钮。

③ 到达目的楼层，陪同人员要一手按住开门按钮，另一只手做出请的动作，可以说："到了，您先请！"客人或长辈走出电梯后，陪同人员也要立刻走出电梯，并热诚地为客人或长辈引导行进的方向。

2. 其他礼仪

如果电梯里人很多，自己所站的位置不方便按电梯按钮，可以请靠近电梯电钮的人帮忙按下目的楼层的按钮，还要及时对对方表示感谢。

出电梯的时候，如果人很多，要对周围的人说："对不起，请让一下，我到了。"站在电梯门口的人为了不妨碍里面的人出去，可以先走出电梯，让出部分空间。

要注意出入电梯的顺序，与不相识者同乘电梯时，进入时要讲究先来后到，出电梯时，一般靠近电梯门口的人先出，不可拥挤。

第二节　乡村旅游讲解员的仪表礼仪

一、乡村旅游讲解员的着装礼仪

着装在个人礼仪表达中非常重要。我们在选择服装时，既要考虑服装的款式、颜色、材质等因素，还要充分考虑不同场合的着装要求。

关于着装，比较著名的是 TPO 原则。TPO 是由英语单词 time、place、occasion 的首字母组合而成的。T 代表时间，P 代表地点，O 代表场合。着装的 TPO 原则是世界通行的着装的最基本的原则。它要求人们的服饰应力求和谐，以和谐为美。着装要与时间、季节、时令相吻合；要与所处场合、环境，与不同国家、地区、民族的不同习俗相吻合；要符合着装人的身份；要根据不同的交往目的、交往对象选择服饰，以给人留下良好的印象。着装的 TPO 原则的三要素是相互贯通、相辅相成的，它要求人们在选择服装、考虑其具体款式时，应当兼顾时间、地点、场合。

（一）乡村旅游讲解员着装的色彩搭配

着装的配色可以上下装同色，或采用同色系配色。同色系中深浅不同的颜色搭配起来，会获得比较协调的整体效果；对比色搭配运用得当，会有相映生辉、令人耳目一新的效果。年轻人着上深下浅的服装，显得活泼灵动，富有青春气息；中老年人采用上浅下深的搭配，可给人以稳重、沉着的感受。衬衣与外套搭配时，应注意衬衣的颜色不能与外套相同，明暗度、深浅程度应有明显的对比。

着装配色应遵守的一条重要原则是根据个人的肤色、年龄、体形选择颜色。例如，肤色黑的人不宜穿颜色过深或过浅的服装，而应选用与肤色对比不明显的粉红色、蓝绿色，最忌用色泽明亮的黄橙色或色调极暗的褐色、黑紫色等。皮肤发黄的人不宜选用半黄色、土黄色、灰色的服装，否则会显得精神不振和无精打采。脸色苍白的人不宜着绿色服装，否则会使脸色更显病态。肤色红润粉白的人穿绿色服装，效果会很好。任何肤色的人穿白色的衣服，效果都不错，因为白色的反光性会使人显得神采奕奕。体形瘦小的人适合穿色彩明亮度高的浅色服装，这样会显得丰满；而体形肥胖的人适合穿色彩明亮度低的深色服装，这样会显得苗条。

着装时，我们需要知道的是，并没有所谓的流行，穿出自己的个性就是真正的流行。无论在色彩还是在细节上，相近元素的使用虽然安全，却难免平淡，对立元素的巧妙结合会有事半功倍的效果。时尚发展到今日，其已经体现为完美的搭配，而非单件服饰的精彩。

色彩搭配是着装的重要方面。以下是一些常见的色彩语言，在进行着装色彩搭配时，可将它们作为参考。

（1）红色：活跃、热情、勇敢、爱情、健康、野蛮。

(2) 橙色：富饶、充实、未来、友爱、豪爽、积极。
(3) 黄色：智慧、光荣、忠诚、希望、喜悦、光明。
(4) 绿色：公平、自然、和平、幸福、理智、幼稚。
(5) 蓝色：自信、永恒、真理、真实、沉默、冷静。
(6) 紫色：权威、尊敬、高贵、优雅、信仰、孤独。
(7) 黑色：神秘、寂寞、黑暗、压力、严肃、气势。
(8) 白色：神圣、纯洁、无私、朴素、平安、诚实。

服装色彩搭配的
基本原则

（二）乡村旅游讲解员的西服着装礼仪

西服以其造型美观、线条简洁、立体感强、适应性广泛等特点而深受人们的青睐。如今，西服基本成为世界性通用的正式服装，在国际政治和商务场合中更是得到普遍应用。

1. 西服套装和衬衣的选择

西服套装包括西服上衣与西服裤子（简称西裤）。

（1）西服上衣。

标准西服上衣衣长的参考标准是，着装者自然站立时，将手臂下垂，手掌放松，略为弯曲，其底边正好在手指尖处。西服上衣的袖长以长及手腕骨的中间部位为宜，手表刚好可以露出一半左右，上臂外的袖子应该是平直、无皱纹的状态。购买西服上衣时，一定要穿上西服后再活动一下手臂，防止由于袖子绷得过紧而影响活动自由。西服上衣的肩部线条一定要清晰、明确，不能倾斜或下垂，肩部与袖子的接缝处应正好在自己的肩线上。肩部偏窄的人，可以利用垫肩来改善，但一定要选择适度的比例，太宽的垫肩会显得很夸张，穿上也不舒服。

（2）西裤。

穿上西裤后，西裤裤腰最理想的部位是在肚脐稍微偏上一点的地方，这通常是自己腰部最窄的地方。如果裤腰太高，会使人显得上身过短；如果裤腰太低，则会使人显得腿部过短。裤袋缝口处应呈服帖状态，不可有被撑开的感觉，坐下时，不要出现横向的褶皱，否则就说明此西裤不太合体，过瘦或者过紧；裤脚的前面可以接触鞋面；裤管自然垂下，裤线以正对中脚趾为标准。

西裤有卷边型和单边型两种款式。身材高大的男性在正式社交场合，可以穿着卷边型西裤，这样会看起来很有风度。一般身高的男性建议选择单边型西裤，如果穿卷边型西裤，会显得下身偏短。

（3）衬衫。

选择搭配西服的衬衫时，脸形偏大的人建议选择大领型的，脸形偏小的人则可选择小领型的。要注意领部的松紧度，衬衫领子必须贴近喉头，又要使喉头感觉舒服，领部的松紧度以能插进一两个手指为宜。其实，只要自己认为能活动自如，又不过于宽松，就是合适的衬衫。为了体现职业感，在正式场合，一般要穿硬领衬衫，软领衬衫适合在休闲时穿着。一件合体的衬衫，应该在双臂自然下垂时，衬衫既平整又松弛。如果胸部出现皱褶,说明衬衫太肥大,应另外选择合适的型号;袖长应在手腕骨偏下一点的位置,比西服袖口要长出一些;袖口最好不松不紧,职业衬衫的袖口应选择袖衩上带纽扣的款式。衬衫的面料以纯棉平纹高支纱及棉涤混纺高支纱为首选,纯棉斜纹织物、牛津布粗纹理面料、绒质织物属于休闲衬衫的面料,应尽量避免在正式的商务场合穿这类面料的衬衫。

2. 领带与西服的搭配

儒雅、沉稳是现代社会对男士的形象要求。穿正规西服时,系上一条漂亮的领带,既美观大方,又给人以典雅庄重之感。做工精美、手感舒适的领带是男性的经典装饰。

(1) 领带的选择。

领带品质的优劣并非取决于款式与品牌,而是取决于材料、质地与做工。选择领带时,应注重视觉效果与手感。真丝面料领带色彩润泽、柔和,手感细腻;仿真丝面料的领带颜色发亮,手感挺括。

(2) 领带与西服的颜色搭配。

常见的领带与西服颜色搭配的原则有:黑色西服搭配银灰色、蓝色或红白相间的斜条纹领带,会显得庄重大方、沉着稳健;暗蓝色西服搭配蓝色、深玫瑰色、橙黄色、褐色领带,会使人显得纯朴大方、素净高雅;乳白色西服搭配红色或褐色的领带,会让人显得十分文雅;灰色西服搭配砖红色、绿色、黄色调领带,会让人看起来别有一番情趣;米色西服搭配海蓝色、褐色领带,会使人看起来风度翩翩。

(3) 领带的打法。

打好领带后,领带的长度以触及皮带扣为宜。现在,普遍使用也是最基本的打领带的方法有四种,分别为平结(plain knot)、半温莎结(the half windsor)、温莎结(the windsor)、普瑞特结(the pratt)。前三种是最传统的领带打法,人们已使用了很久,普瑞特结则是近年才兴起的领带打法,在一些国家和地区使用很广泛。

(4) 领带夹的使用。

在西服着装中,领带夹也是常见的配饰之一,领带夹应在穿西服上衣时使用,也就是说,仅仅单穿长袖衬衫时,没必要使用领带夹,更不需要在穿夹克时使用领带夹。领带夹应别在特定的位置,即从上往下数,在衬衫的第四与第五粒纽扣之间,扣上西服上衣的扣子时,一般从外面看不见领带夹。

3. 西服着装的注意事项

西服着装需要注意一些细节,否则会有损西服的庄重感。

西服袖口的商标牌应摘掉,不要为了显示其品牌价值高而保留;否则会不符合西服穿着规范,也会让人贻笑大方。

衬衣领部要高于西服上衣领部大约1.5厘米,衬衣袖部也要长于西服上衣袖部1.5厘米。其原因其实很简单:衬衣好洗,西服上衣不容易清洗,更关键的是,这样穿着好看。

西服纽扣有双排、单排之分，纽扣系法也有讲究。双排扣西服应把扣子都扣好。单排扣西服，一粒纽扣的，扣上端庄，敞开潇洒；两粒纽扣的，扣上面一粒表示郑重，最好不要全扣；三粒纽扣的，只扣中间一粒或只扣上面两粒都符合礼仪规范和要求。

西服上衣外面的口袋里最好不要装物品。西服上衣的内袋是可以用来放物品的。当然，尽量不要装体积过大的物品，避免西服看起来不美观。

不建议连续两天穿同一套西服。要将换下来的西服挂在衣架上，以利于西服恢复原本的形状。不要用简单的塑料衣架、铁丝衣架悬挂西服，那样可能有损西服的形状，影响美观。

男士在西服上衣内穿衬衫及系领带时，衬衫领部的扣子一定要扣上，否则会给人留下不正式的感觉。

西裤的口袋里尽量不放物品，起码不放体积偏大的物品。穿西裤时，建议搭配西式皮带，颜色以黑色为主，皮带扣以造型简洁、金属色的为首选。浅色、帆布质地、皮带扣造型复杂等样式的皮带是在穿着半休闲、全休闲服饰时使用的。

穿西服套装时，要选择中长款的西服袜，袜子长度至小腿的中部，以免坐着跷起腿时露出腿部皮肤而使人感觉不雅。袜子的颜色尽量以深色为宜，接近西裤的颜色为最适宜的选择；不宜穿过短的、浅色的袜子。

穿西服上班的男士需要准备两到三双皮鞋，如两双黑色、一双深栗色。可将黑皮鞋用于搭配西服，黑色代表着权威性和分量感。底边有缝线式样的皮鞋也可以搭配西服。要避免穿镂空的、带流苏款式的皮鞋，以及带有极亮光泽的、薄底的黑色漆皮鞋。不要在两天里穿同一双皮鞋，每天换一双皮鞋穿是为了防止皮鞋变形，应该给皮鞋足够的恢复形状的时间。皮鞋不穿时，可在鞋里塞进木制鞋楦，以防止皮鞋变形，延长皮鞋的穿着寿命。

女性穿西服套裤（裙）时，要穿肉色的长筒袜或连裤袜，不能光腿或穿彩色丝袜、短袜。穿衬衫时，内衣与衬衫的颜色要相近。穿面料较为单薄的裙子时，应着衬裙。

男性出席正式场合时，穿西服要坚持三色原则，即全身上下的颜色不能超过三种颜色或三个色系（皮鞋、皮带、皮包应为一个颜色或色系）。

（三）乡村旅游讲解员的饰物使用礼仪

饰物的种类很多，如戒指、耳环、手镯、胸花、帽子、公文包等。每种饰物的材质和色泽不同，造型也千变万化。如果饰物使用得当，则可恰到好处地提升服装和人物的整体形象。

1. 使用饰物的原则

（1）数量原则。

饰物的使用应能给人增加美感为宜，不是数量越多越好。例如，佩戴饰物时，数量上的原则是以少为佳，点到为止。一般说来，女性可佩戴多种饰物。具体而言，女性在佩戴饰物时要遵守的一项重要规则,就是在公共场合中佩戴的饰物至多不能超过三件,而且场合越正规,佩戴的饰物数量应当越少。

(2) 场合原则。

饰物的使用应与人所处的环境、场合相适应。在社交场合或休闲场合,适合使用的饰物有所不同,而课堂教学、执行公务、进行运动或旅游时,不宜佩戴饰物。

(3) 质地原则。

饰物的质地和做工要精良,不要使用粗制滥造的饰物;还要注意,如果同时佩戴不同的饰物,饰物的材质应尽量相同或者匹配。例如,不要同时佩戴金饰、银饰、玉饰等不同质地的饰物。

(4) 体形原则。

使用饰物时,要注意饰物与自己的体形匹配程度,应突出个性,扬长避短,不能盲目模仿。例如,体形娇小的女性给人纤弱、可爱的感觉,在选择饰物时应注重突出娇小、甜美的气质;如果选择珍珠项链,适宜选择细长且造型简约的款式。

(5) 搭配原则。

饰物的使用要与服装及其他饰物协调,以免显得过分夸张。例如,如果已经佩戴了胸花,就不宜再佩戴耳环等突出女性魅力的饰品。

(6) 习俗原则。

使用饰物时,要注意习俗,以免引起误会。例如,佩戴饰物时,要懂得饰物本身的寓意,避免尴尬。例如,在参加有伊斯兰教成员参与的社交活动时,就尽量不要佩戴十字架形状的饰物。

(7) 身份原则。

饰物的使用要符合身份。例如,职场人士所佩戴的饰物要符合自己的职业身份。过于昂贵、过于耀眼的饰物是不适合出现在商务场合的,因为职场并不是我们炫富的地方。职场女士着职业装时,如果饰物搭配得好,就可以起到画龙点睛的作用。

(8) 色彩原则。

使用饰物时,要注意颜色的搭配,力求同色,给人和谐的美感。

2. 常用饰物的使用方法

(1) 戒指。

戒指的戴法最为讲究,戒指戴在不同的手指上,会给人传递不同的信息。例如,按照惯例,戒指戴在食指,表示目前独身;戴在中指,表示正在热恋中;戴在无名指,表示已婚;戴在小指,表示持独身态度。因此,不要乱戴戒指,也不要别有用心地暗示对方。如果已婚女士不愿暴露婚姻状况,可以不戴戒指。戒指一般戴在左手上,如戴在两只手上,要左右手对称。如果不是新娘,不宜把戒指戴在手套外面。

(2) 手镯。

不提倡在职场中戴手镯,因为戴手镯会影响工作的便利性。休闲时,可戴手镯,其形状也不宜过于特别。着西服时,不戴木、石、皮、骨、绳、塑料等材质的艺术性手镯。手镯一般戴在左手手腕上;也可戴在两只手的手腕上,左、右手各一只。

一只手的手腕上只可戴一种饰物，不能在同一只手的手腕上同时佩戴手镯、手链、手表。

(3) 耳环。

穿西服套裙时，不要只在一个耳朵上佩戴耳环，也不要同时佩戴多副耳环。

(4) 墨镜。

戴墨镜时，要考虑整体效果。参加室内活动与人交谈或参加隆重的室外活动时，不要戴墨镜；如果有眼疾需要佩戴墨镜时，事先应告知对方，并致以歉意。

(5) 胸花。

佩戴的胸花应该品质高雅，一般将其佩戴在左胸部位。

(6) 女士手提包。

手提包是女性出席正式场合时的重要饰物，通常小巧、新颖、别致，给人以赏心悦目的感觉。手提包的颜色要与季节、服装、场合、气氛相协调，在严肃的社交场合，可使用颜色较暗、形状较方正的提包；参加舞会或宴会，可使用颜色鲜艳的羊皮小包或黑面小包。夏季使用的手提包宜款式小巧、颜色淡雅；冬季使用的手提包宜颜色艳丽明快。

(7) 男士公文包。

公文包是男士经常使用的一种配件，对于经常出门在外的男士，手上有一个合适的公文包，可以用来放置有关文件、票证等用品，也可以用来增加美感。在正式场合，男士使用的公文包应以黑色皮包为主，也可以根据服饰选择与之相配的其他颜色的皮包。公文包的面料以真皮为宜，如牛皮、羊皮等，标准公文包是手提式的长方形公文包，箱式、夹式、挎式、背式等其他类型的皮包均不宜在正式场合使用。

(8) 手套。

手套的使用也有讲究。要注意，穿短袖或无袖上衣参加舞会时，不要戴短手套。不要在握手时戴着手套，但女士在社交场合戴着薄纱手套与人握手是被允许的。

(9) 手表。

在社交场合，佩戴手表通常会给人带来时间观念强、作风严谨的印象。一般情况下，在正式场合不宜佩戴色彩艳丽和外形较夸张的卡通手表。

二、乡村旅游讲解员的仪表仪容

一个人以何面目示人，在交际场合显得非常重要。

（一）发型的选择

在头发的修饰中，最重要的是要整洁，长度适中，发型适合自己。有条件的话，每天都要洗头，还应定期修剪。在重要的工作场合，男士的头发一般不可太短，也不可太长，应前发不附额、侧发不掩耳、后发不及领。留长发的女士在重要的场合中，最好用发卡或者发箍把头发束起来或将头发编成辫子。发型的选择一定要适合自己的性别、年龄、身份，以及场合和企业文化。

一般来说，艺术创作者、演艺从业者等可以选择张扬个性的发型，可以选择比较时尚的染发和烫发；而机关、学校等单位的工作者，一般应选择庄重、保守的发型，不能过分时尚。

1. 发型与脸形的搭配

（1）长脸形的发型选择。

长脸形也可称为"目"字形脸形。长脸形的人适合选择头部两侧丰满的发型，圆形、椭圆形发型都可使偏长的脸形线条显得柔美丰润。长脸形的人最好避免选择垂直线条的中长发、长发或将头顶部分做得更加膨胀、高耸的发型。女性可以尝试用不同样式的刘海作为收缩脸形长度的方式，如厚厚的齐刘海、轻松的斜刘海、活泼的"八"字刘海等。当然，如果是一个脸形较长但额头很漂亮的女性，也不必选择用刘海来收缩脸形长度，将自身额头的美表现出来也很好。

（2）圆脸形的发型选择。

纯粹的圆脸形不太多见，有的脸形可能是偏方的圆，有的是偏"由"字形的圆，或者是偏"国"字形的圆。圆脸形会让人显得比较甜美、可爱和年轻，但遗憾的是，圆脸形会稍微缺乏力度感。圆脸形的人可选择呈"V"字形的发型，使头部上端的发量丰厚、饱满，也使发根部位的发量收缩、延伸。圆脸形且脖颈短的女性不宜选择大波浪、披肩发等式样的发型，因为这样的发型与脸形共同作用，会使人看起呈下降感的"A"字形，有一种压缩感。

（3）菱形脸形的发型选择。

菱形脸形也称"申"字形脸形。东方人和西方人对菱形脸形的感觉是不一样的。西方人觉得菱形脸的人显得很有骨感美，很性感，我国一些地方的人却认为菱形脸的人颧骨太高，不好看。由于这种脸形具有额头窄、颧骨高、下颌窄的特点，因而菱形脸的人不宜选择呈菱形的发型，可以尝试用不同形状的刘海掩饰额部，发脚不要收拢，不要有渐薄的收缩层次；长发、中长发、烫发的女性也不要紧紧地把头发系在额头后面。在发型的选择上，要注意用柔和、飘逸的发型来中和菱形脸给人带来的偏硬的感觉。菱形脸的人可尝试在额部留出光洁的刘海，其余的头发做中等曲度柔和烫发处理，短发、中长发会既有现代感，又不失东方风韵。

（4）方脸形的发型选择。

方脸形包括"由"字形、"国"字形等接近"田"字形的脸形，方脸形给人端庄、稳重的印象，但是缺乏生动的感觉，过于方的脸形还会显得有点呆板。方脸形的人在进行形象设计时，要破除方脸形给人的呆板、太对称的印象，找到生动、灵巧的感觉，应该注意强调整体感觉，精准处理细节。方脸形的人可以选择椭圆形的动感式发型、上松下紧的"V"字形发型、不对称的几何形发型；不建议选择齐耳短发、饱满的短烫发等样式的发型，因为这样会让人产生头部体积过大、脸形过于平面的感觉。

虽然发型的选择因人而异，但是，有一点需要特别注意：职场女性在上班时间尽可能不要出现长发披肩的状态。

2. 发型与体形的搭配

(1) 高瘦体形的发型选择。

这种体形的人容易给人细长、单薄、头轻的感觉。要弥补这些不足，就要注意选择生动、饱满的发型，避免将头发梳得紧贴头皮或将头发搞得过分蓬松而造成头重脚轻的感觉。一般来说，高瘦体形的人比较适合留长发、直发，避免将头发剪得过于短、薄，或将头发高盘于头顶上。

(2) 矮小体形的发型选择。

矮小体形的人给人一种小巧玲珑的感觉，发型也要与此特点相适应。矮小体形的人发型应以秀气、精致为主，避免粗犷、蓬松，否则会使头部与整个形体的比例失调，让人产生大头小身体的感觉。矮小体形的人也不适宜留长发，因为留长发会使头部显得比例过大。

(3) 高大体形的发型选择。

高大体形的男性给人以力量感，但高大体形的女性则会缺少苗条、纤细感，为适当减弱这种感觉，高大体形的女性应选择大方、简洁的发型，一般以直发为好，或者是大波浪卷发。

(4) 矮胖体形的发型选择。

矮胖体形的人显得健康，要利用这一点营造一种有生气的健康美，可选择运动式发型。此外，应考虑弥补缺陷。矮胖体形的人一般脖子显短，因此不要留披肩长发，应尽可能留短发，可显露脖子，以增加身体的高度感；应避免过于蓬松或过宽的发型。

3. 发型与服装的搭配

(1) 着西服时的发型选择。

着西服时，要将头发梳理得端庄、大方，不要过于蓬松，并且可以在头发上适当涂抹润发精油，使之有光泽。

(2) 着礼服时的发型选择。

着礼服时，女性可将头发在颈后挽成低发髻，可显得庄重、高雅。

(3) 着裙装时的发型选择。

女性着裙装时，可选择披肩发、盘发，或将长发高高束起。

（二）面部的化妆

化妆是一种美容手段。它在形象设计中起着画龙点睛的作用。一个人的妆容与服饰、发型和谐统一，能使人更好地展示自我、表现自我。

一次完整而全面的化妆，其程序与步骤也有规范。以下是女性全套化妆步骤：① 沐浴，可使用沐浴露清洗肌肤，同时清洗头发，浴后可使用润肤露保养、护理全身肌肤，吹干头发；② 洁面，可用洗面奶去除脸上的油污、汗水和灰尘，彻底清洁面部，然后涂抹化妆水，为面部化妆做好准备；③ 涂粉底，可先将少量的护肤霜涂在脸上，以保护皮肤免受化妆品的刺激；④ 修理眉毛，画好眼线，用睫毛膏等对睫毛进行造型，涂眼影，以增强眼睛的立体感；⑤ 美化鼻部，遮盖瑕疵，改变鼻形缺陷；⑥ 涂腮红，涂腮红可美化面颊，使人看上去容光焕发，涂好腮红之后，应再次用定妆粉定妆；⑦ 修饰唇形，先用唇笔描出唇形，然后填入色彩适宜的唇膏；⑧ 喷涂香水，喷涂香水可美化身体的整体"大环境"；⑨ 修正补妆，检查化妆的效果，进行必要的调整、补充、修饰和矫正，至此，一次全套化妆彻底完成。

男士的工作妆与女性相比要简单许多。男士的工作妆包括美发、清洁面部与手部、用护肤品护肤、涂无色唇膏、喷涂香水等。

化妆时，要注意以下几点。

1. 妆容要自然

例如，香水没必要喷涂得太多，睫毛膏也不要涂得太浓。从事商场导购、餐饮服务工作的女性往往必须化妆，其化妆的基本要求是淡妆示人。淡妆的主要特征是清丽、素雅，让人显得很有精神。

2. 妆容要协调

其一，使用的化妆品最好要成系列。同一个系列的化妆品往往是同一个香味的，就不至于串味。其二，化妆的各个部位要协调，如手、脚所用指甲油的颜色与唇彩的颜色要协调。一般情况下，相同或相近的颜色会更合适。其三，化妆要与服饰相协调，如粉色唇彩配蓝领的衬衫会反差太大，看起来不协调。

3. 化妆要避人

个别人不太注意化妆场合，在上班、开会、乘坐公交车时就拿出工具化妆，这是不符合礼仪规范的。化妆时应回避他人，宜选择无人在场的角落或洗手间，切勿旁若无人地当众化妆。

三、乡村旅游讲解员的表情仪态管理

表情是人的情绪和体验的外部表现模式。人的表情主要有三种：面部表情、语言声调表情和身体姿态表情。在人际交往中，表情真实地反映着人们的思想情感及心理活动。以下重点介绍面部表情。

（一）基本面部表情

随着社会分工的不断发展，人与人之间的相互合作越来越频繁和复杂，人与人之间的利益联系也变得越来越紧密和多变。这就要求每个人一方面要通过情感表达来及时、准确、有效地向他人展示自己的价值，以便求得他人有效的合作，另一方面要通过识别他人表达的情感来及时、准确、有效地了解他人的价值，以便更好地与他人进行合作。表情礼仪很大程度上是双方通过面部表情传递的一种善意的信号，以实现双方良好的沟通。

面部的各个器官是相互协调的，但也存在各个器官配合并不协调的情况，当人有难言之隐或有所掩饰时更是如此。美国有学者经过多年的观察研究后指出，假装的笑容会显得左嘴角比右嘴角高些。当然，不同的民族、不同的个体，其具体表现存在一定的差异。

一般情况下，人通过面部显示的表情，既有面部各部位的局部显示，也有它们之间的彼此合作，也就是综合显示。

1. 局部显示

人的眉毛、嘴巴、鼻子、下巴、耳朵都可以独立地显示各自的表情。

（1）眉毛的显示。

眉毛的形状变化所显示的表情一般被称为眉语。除配合眼神外，眉语也可独自表意。

① 皱眉型：双眉紧皱，多表示困窘、不赞成、不愉快。
② 耸眉型：眉峰上耸，多表示恐惧、惊讶或欣喜。
③ 竖眉型：眉角下拉，多表示气恼、愤怒。
④ 挑眉型：单眉上挑，多表示询问。
⑤ 动眉型：眉毛上下快动，一般用来表示愉快、惬意或亲切。

（2）嘴巴的显示。

嘴巴的不同显示往往可以表示不同的心理状态。

① 张嘴：嘴巴大开，表示惊讶。
② 抿嘴：含住嘴唇，表示努力或坚持。
③ 噘嘴：噘起嘴巴，表示生气或不满。
④ 撇嘴：嘴角一撇，表示鄙夷或轻视。
⑤ 拉嘴：拉着嘴角，上拉表示倾听，下拉表示不满。

（3）鼻子的显示。

① 挺鼻：表示倔强或自大。
② 缩鼻：表示拒绝或放弃。
③ 皱鼻：表示好奇或吃惊。
④ 抬鼻：表示轻视或歧视。
⑤ 摸鼻：表示亲切或重视。

2. 综合显示

（1）表示快乐：眼睛睁大，嘴巴张开，眉毛常向上扬。
（2）表示兴奋：眼睛睁大，眉毛上扬，嘴角微微向上。
（3）表示兴趣：嘴角向上，眉毛上扬，眼睛轻轻一瞥。
（4）表示严肃：嘴角抿紧下拉，眉毛拉平，眼睛看对方额头。

(5) 表示敌意：嘴角拉平或向下，皱眉、皱鼻，眼睛稍稍一瞥。
(6) 表示发怒：嘴角向两侧拉，眉毛倒竖，眼睛睁大。
(7) 表示观察：面带微笑，眉毛拉平，两眼平视或视角向下。
(8) 表示无所谓：两眼平视，眉毛展平，整体面容平和。

（二）眼神与表情

1. 眼神与表情的关系

眼睛是心灵的窗户。眼神能够准确地表现个人的心理活动。在表情礼仪中，最重要的就是目光或眼神的正确使用。

一个人的目光坦然、亲切、和蔼，他才能给别人留下积极正面的印象。与别人交谈时，我们应该注视对方，目光不应该躲闪或游移不定。在日常工作和交往中，我们要养成注视对方的习惯。与别人说话的时候，要正面面对别人；在谈话过程中，双方要不断地用目光表达自己的意愿和情感，还要适当观察对方的目光，读懂对方的意思。

2. 凝视的礼仪

凝视时，视线向下，能表现权威感和优越感；视线向上，能表现服从与崇拜；视线水平，能表现客观和理智。

我们应注意以下几种凝视的目光接触区域。

（1）公务凝视。

公务凝视适合在洽谈、磋商、谈判等正式场合使用，给人一种严肃、认真的感觉。在这种凝视中，我们要注视的位置在对方的脸部，即以双眼为底线、以额中为顶角形成的三角区。在公务场合，如果你注视对方这个部位，就会显得严肃、认真，对方也会感到你有诚意，你就有可能把握谈话的主动权和控制权。

（2）社交凝视。

社交凝视是在各种社交场合使用的凝视方式。其凝视的位置是以对方两眼、嘴唇中心为三个点形成的倒三角区域。当你凝视对方脸部的这个区域时，会营造出一种社交气氛，让人感到轻松、自然。这种凝视主要用于茶话会、舞会及各种类型的联谊会。

（3）亲密凝视。

亲密凝视是亲人或恋人之间使用的凝视方式。凝视的位置在对方双眼到胸部之间。交谈时，要将目光转向交谈人，以显示自己在倾听，这时应避免紧盯对方的眼睛或脸上的某个部位，因为这样会使对方难受、不安，甚至有时候对方会有受侮之感，从而产生敌意和抵触情绪。

一般情况下，在与人交谈时，应当不断地通过目光与对方交流，调节交谈的气氛。交谈中，应始终保持目光接触，这可以表示我们对话题很感兴趣。长时间回避对方的目光或左顾右盼，是对话题不感兴趣的表现。但应当注意，交流中的注视并不是紧紧盯着对方的眼睛,这会使对方感到尴尬。交谈时,正确的目光应当是自始至终地都在注视对方,但注视并非紧盯。交谈中,目光应随着话题内容的变换做出及时恰当的反映。可或喜或惊,或微笑或沉思,用目光表达不同的情绪,使整个交谈融洽、和谐、生动、有趣。

3. 注视的时间

交谈时,把握好注视对方的时间相当重要。交谈中,听的一方通常应多注视说的一方,目光与对方接触的时间一般占全部相处时间的 1/3。谈话时,若对方为关系一般的同性,应该时不时与对方双目对视,以示尊重;如果双方关系密切,则可较多、较长时间地注视对方,以拉近双方的心理距离。如果对方是异性,目不转睛地、长时间地注视对方,会使对方不自在,也是失礼的表现。注视对方的时间长短是有讲究的。

(1) 表示友好。

向对方表示友好时,应时不时地注视对方,注视对方的时间约占全部相处时间的 1/3。

(2) 表示重视或感兴趣。

向对方表示关注时,常常将目光投向对方某个部位,目光可偶尔离开。注视对方的时间约占全部相处时间的 2/3。

(3) 表示轻视或胆怯。

目光时常游离,注视对方的时间不到全部相处时间的 1/3,这意味着轻视对方或害怕对方。

(4) 表示敌意。

始终盯着对方,且面无表情,注视对方的时间占全部相处时间的 2/3 以上,被视为有敌意,或有寻衅滋事的嫌疑。

(三)微笑礼仪

微笑是人的一种生理现象,也是人的思想感情的外露。微笑能展现一个人的形象与修养,在商务活动中,微笑能体现一个人的职业能力和素养。

笑容即人们笑时的面部表情。利用笑容,人们可以消除彼此间的陌生感,打破交际障碍,为更好地沟通与交往创造和谐的氛围。因此,我们要重视笑容的作用。

1. 笑容的类型

(1) 符合礼仪规范的笑容。

在商务交往中,符合礼仪规范的笑容大致可分为以下几种。

① 含笑:不出声、不露齿,只是面带笑意。表示接受对方,待人友善,适用范围较为广泛。

② 微笑:唇部向上移动,略呈弧形,牙齿不露或微露。表示自信、理解、友好,适用范围最广。

③ 轻笑：嘴巴微微张开，上齿显露在外，不发出声响。表示欣喜、愉快，多用于会见客户、和熟人打招呼等场合。

④ 浅笑：笑时抿嘴，下唇大多被含于牙齿之中，多见于年轻女性表示害羞之时，通常又被称为抿嘴而笑。

笑的共性是面露喜悦之色，表情轻松、愉快。但如果发笑的方式不对，要么笑得比哭得还难看，要么会显得非常虚假，甚至显得很虚伪。微笑是社交场合中最富有吸引力、最令人愉悦和最有价值的面部表情，是礼仪场合用得最多，也是最安全且最容易被接受的笑容。它可以与语言、动作相互配合、相互补充。它不仅表现了人际交往中友善、诚信、谦恭、和谐、融洽等最美好的感情因素，而且能反映出一个人自信、健康的心理状态；不仅能传递和表达友好、和善，而且能表达歉意和谅解。

（2）不符合礼仪规范的笑容。

以下几种笑不符合礼仪规范，应避免在正式场合出现。

① 假笑：虚假的笑，皮笑肉不笑。

② 冷笑：含有愤怒、讽刺、不满、无可奈何、不屑一顾、不以为然等情绪，容易使人产生敌意。

③ 怪笑：奇怪的笑，多含有恐吓、嘲讽之意。

④ 媚笑：有意讨好别人，并非发自内心，是具有一定功利目的的笑。

⑤ 窃笑：偷偷地洋洋自得或幸灾乐祸地笑。

⑥ 狞笑：面容凶恶的笑，多表示愤怒、惊恐。

微笑的时候，面部神情应平和、自然，下颌略向后收，嘴角微微上扬，牙齿微露，亲切，愉悦。经过练习，我们一般都能掌握微笑的技巧。

2. 微笑练习的方法

（1）第一阶段。

这一阶段主要进行放松嘴唇肌肉练习。放松嘴唇周围肌肉练习又名"哆来咪"练习。在练习时，从低音"哆"到高音"哆"，一个音、一个音地练习，大声、清楚地将每个音说三次。发音时应注意嘴型标准。

（2）第二阶段。

第二阶段主要进行增加嘴唇肌肉弹性练习。形成笑容时，最重要的部位是嘴角。如果锻炼嘴唇周围的肌肉，就能使嘴角的移动变得更灵动、更好看，整个人也会显得更有活力。可采用以下两种练习方法。

① 练习一。首先，抬头挺胸，坐在镜子前面，张大嘴，使嘴唇周围的肌肉最大限度地展开，我们能感觉到腭骨受刺激的程度很大，保持这种状态10秒；其次，闭上张开的嘴，拉紧嘴角，使嘴唇紧张起来，并保持10秒；最后，在嘴角紧张的状态下，慢慢地聚拢嘴唇，形成嘴唇聚拢在一起的感觉，保持10秒。反复练习3次。

② 练习二。用门牙轻轻地咬住筷子，嘴角翘起，观察连接嘴唇两端的线是否与

筷子处于同一水平线上,保持这个状态10秒;轻轻地取出筷子之后,练习维持此状态。

(3) 第三阶段。

这一阶段主要进行形成微笑练习。在放松的状态下练习,练习的关键是使嘴角上升的程度一致;如果嘴角歪斜,表情就不会太好看。要在练习各种微笑的过程中发现最适合自己的微笑。

① 小微笑:把嘴角两端一起往上提,让上嘴唇有拉上去的紧张感,稍微露出两颗上牙。保持10秒后,恢复原来的状态并放松。

② 普通微笑:慢慢使嘴部肌肉紧张起来,再把嘴角往上提,让上嘴唇有拉上去的紧张感,大约露出6颗上牙,保持10秒后,恢复原来的状态并放松。

③ 大微笑:一边拉紧嘴部肌肉,使之强烈地紧张起来,一边把嘴角往上提,露出大约10颗上牙,也稍微露出下门牙,保持10秒后,恢复原来的状态并放松。

(4) 第四阶段。

这一阶段主要进行保持微笑练习。一旦找到满意的微笑,就要进行至少维持该表情30秒的训练。

(5) 第五阶段。

这一阶段主要进行修正微笑练习。虽然我们已经认真地进行了练习,但如果笑容还是不那么完美,我们就要寻找问题的原因。一般情况下,我们微笑时会出现以下两个问题。

① 嘴角上升时会歪。微笑时,两端的嘴角不能一起上升的人很多,利用筷子进行练习对解决这个问题很有效。刚开始练习时会比较难,但若反复练习,就会看到进步。

② 露出太多牙龈。微笑时,以大概能看见2毫米以内的牙龈为宜。微笑时露出太多牙龈的问题可以通过嘴唇肌肉的练习来解决。

(6) 第六阶段。

这一阶段主要进行修饰有魅力的微笑练习。抬头挺胸,站在镜子前面,一边微笑,一边进行微笑的修饰,以使自己的微笑更有魅力,更有感染力。

3. 运用微笑的注意事项

微笑的运用需要与仪表、举止和谐一致。运用微笑时,要注意以下几点。

(1) 真心地笑。发自内心的微笑才会自然地调动人的五官,才会让人感到亲切,才能打动人心。

(2) 神情结合。笑的时候,要精神饱满、神采奕奕,要笑得亲切、甜美。

(3) 声情并茂。在礼仪工作中,甜美的微笑和礼貌的语言相映生辉。一个人如果脸上表现出微笑,却出言不逊,或者语言尖酸刻薄,其微笑就失去了意义;一个人如果语言文明礼貌,却面无表情,也会令人怀疑其诚意。

第三节　乡村旅游讲解员的形体礼仪

　　站、坐、行、走、蹲是人的基本身体姿态。古人讲究站有站相，坐有坐相。例如，正襟危坐时，人通常较为紧张；坐立不安时，人通常焦急或心慌；手舞足蹈时，人通常很开心；捶胸顿足时，人通常无比懊恼。人可以无意识或有意识地通过身体姿态来表达自己的情感状态和性格特征，从而形成身体姿态表情。当人处于强烈的兴奋、紧张、恐惧、愤怒等情感状态时，人往往抑制不住身体姿态表情的变化。演员经常通过夸张的身体姿态表情来有意识地表达角色的情感变化。

　　身体姿态是举止礼仪的重要内容。姿态美是一种极具魅力和感染力的美，它能使人在动静之中展现出气质、修养、品格的美。从某种意义上说，一个人的身体姿态更引人注目。在礼仪活动中，身体姿态主要包括站姿、手势、坐姿、行姿、蹲姿。

一、乡村旅游讲解员的站姿礼仪

　　站姿，顾名思义，指的是人站立时的姿态。站立是人们在生活和交往中的一种最基本的举止。站立时，男士应站如松，显得刚毅洒脱；女士则应显得秀雅优美，亭亭玉立。

　　1. 标准的站姿

　　标准的站姿要求如下：头放正，双目平视，嘴微闭，下颌微收，面容平和、自然；双肩放松，稍向下沉，人有向上的感觉；身体挺直，挺胸，收腹，立腰；双臂自然下垂，放在身体两侧，中指贴近裤缝，双手自然放松；双腿立直、并拢，脚跟相靠，两脚尖张开约60°，身体重心落于两脚正中。

　　2. 常用的站姿

　　常用的站姿有以下几种。

　　（1）肃立。

　　身体挺直，双手置于身体两侧，双腿自然并拢，脚跟靠紧，脚掌分开呈"V"字形，面部表情严肃、庄重、自然。在参加升降国旗仪式或遗体告别仪式等气氛庄严凝重的场合，我们应该用肃立站姿。

　　（2）直立。

　　身体挺直，女士右手搭在左手上（男士左手搭在右手上），自然贴在腹部或两手在背后相搭，两腿并拢，脚跟靠紧，脚掌分开呈"V"字形。

　　（3）丁字步直立。

　　身体挺直，右手搭在左手上，双手自然贴在腹部，右脚略向前靠在左脚上，成"丁"字步。这种站姿适合女士。

(4) 分腿直立。

身体挺直，双手在背后相搭，贴在臀部，两腿分开，两脚平行，距离比肩宽略窄。这种站姿适合男士。

不同的工作岗位对站姿的规定不尽相同，但作为一种基本姿势和体态训练的内容，站姿应遵循的基本要求是一致的。标准站姿的要求看起来似乎有些呆板，其实不然，按照这些要求，经过反复训练后，人能形成一种优雅、挺拔、神采奕奕的体态。站姿是其他各种工作姿势的基础，也是发展不同体态美的起点，是优雅端庄的举止的基础。

二、乡村旅游讲解员的手势礼仪

手势是指人类用语言中枢建立起来的一套用手掌和手指位置、形状构成的特定语言系统。

手势表现的含义非常丰富，表达的感情也非常微妙、复杂。例如，招手致意，挥手告别，拍手称赞，拱手致谢，举手赞同，摆手拒绝；手抚是爱，手指是怒，手搂是亲，手捧是敬，手遮是羞。手势能发出信息，也能表示喜恶、表达感情。手势也是人们交往时不可缺少的动作，是一种很有表现力的体态语言。在日常生活中，人们借助各种手势来表达个人的思想和感情。职业人员适当地运用手势语，既可以增强表达的形象性，又能增强感情的表达能力。

1. 常用的礼仪手势

(1) 请进手势。

迎接来宾时，迎接者应在一旁站立，手臂向外侧横向摆动，指尖指向被引导或指示的方向，微笑目视来宾，直到来宾走过再放下手臂。

(2) 引导手势。

为来宾引路时，应走在来宾的左前方，用小臂指引，手和小臂在一条直线上，五指并拢，掌心向上，眼睛应兼顾方向和来宾，直到来宾表示清楚方向，再把手臂放下。

(3) 请坐手势。

接待来宾入座时，把一只手摆动到腰位线上，手和手臂向下形成一条斜线，表示请入座。

(4) 递接物品手势。

递接物品时，应该用双手或右手，手掌向上，手指并拢，用力均匀，要做到轻而稳。如果递送的是剪刀等易伤人的物品，应将尖锐的一端向着自己。

(5) 鼓掌手势。

鼓掌是用来表示欢迎、祝贺、支持的一种手势，多用于会议、演出、比赛或迎接嘉宾等。其做法是，右手掌心向下，以右手四指有节奏地拍击掌心向上的左手手掌部位；必要时，应起身站立。

（6）夸奖手势。

这种手势主要用来表扬他人。其做法是，伸出右手，竖起拇指，指腹面向被称道者。这种手势在不同的国家可能含义不同，因此在涉外交往中要慎用。

（7）道别手势。

目视对方，手臂伸直，呈一条直线，把手从体侧向前、向上抬至与肩同高或略高于肩，晃动小臂，掌心朝向对方，五指并拢。

手是体态语中最重要的传播媒介。我们不必每一句话都配上手势，因为手势做得太多，会使人觉得不自然。掌握常用的基本手势礼仪，并在恰当的场合加以运用，可更好地传递和交流信息。

2. 运用手势礼仪的注意事项

在交往中，手势不宜过多，动作不宜过大，切勿指手画脚和手舞足蹈。

注意手势的速度。手势过快，会给人带来紧张感。

手势一定要自然、协调。手势使用不当，会给人僵硬、做作的感觉，一定要做到自然、协调、美观。在工作之中，若是将一只手或双手放在自己的口袋之中，不论其姿势是否优雅，通常都是不允许的。正确的做法是双臂自然下垂，双手掌心向内，轻贴在大腿两侧。

做打招呼、致意、告别、欢呼、鼓掌手势时，应该注意其力度、速度和持续的时间，不可过度。在正式社交场合，如观看演出，迎接重要人物，做报告或听演讲等，都应用热烈的掌声表示钦佩和祝贺。动作宜自然，应视情况停止鼓掌。

在任何情况下，都不要用大拇指指自己的鼻尖和用手指指着他人。谈到自己时，应用手轻按自己的左胸，那样会显得端庄、大方、可信，伸出手指来指人，是要引起他人的注意，含有教训人的意味。一些人习惯性地用手中正在使用的笔指点对方或进行示意，这也不符合礼仪要求。

一般情况下，我们认为，掌心向上的手势有诚恳、尊重他人的含义，掌心向下的手势意味着不够坦率、缺乏诚意等，攥紧拳头暗示进攻和自卫，也表示愤怒。因此，在介绍别人、为别人引路或指示方向、请别人做某事时，应上身稍向前倾，掌心向上，以肘关节为轴，轻轻挥动手臂，这种手势被认为是诚恳、恭敬、有礼貌的。

在使用一些手势时，应注意风俗习惯，不可滥用。相同的手势，在不同的地方可能表达的意思大相径庭。例如，在某些国家，竖起大拇指、其余四指蜷曲表示称赞、夸奖；但在澳大利亚，竖起大拇指，尤其是横向伸出大拇指，则表示污辱。用大拇指和食指构成一个圆圈，其他三指伸直，就是"OK"的手势，在欧洲一般表示赞扬和允诺，然而在法国南部，其表示的意思恰好相反。

用手拿东西时，可用一只手，也可用双手。拿东西时，要动作自然，五指并拢，用力均匀，不要跷起小指。

三、乡村旅游讲解员的坐姿礼仪

坐是举止的重要内容之一。无论是伏案学习、参加会议，还是会客、交谈、娱乐、休息，都离不开坐。坐姿也是一种举止，有着美与丑、优雅与粗俗之分。俗话说"坐如钟"，这是指人的坐姿要像古代寺庙中的撞钟一样稳重端正。

（1）男士一般坐姿。

双腿并拢或略分开，上体挺直，坐正，两脚略向前伸，双手分别放在双膝上。

（2）女士一般坐姿。

坐正，上身挺直，双腿并拢，两脚交叉，双手叠放，置于左腿或右腿上。

（3）女士"S"形坐姿。

坐正，上身挺直，双腿并拢，两腿同时侧向左或侧向右，两脚并拢或交叉，双手叠放，置于左腿或右腿上。

（4）搭腿式坐姿。

将左腿微向右倾，右大腿放在左大腿上，脚尖朝向地面，切忌右脚尖朝天。这种坐姿给人以高贵典雅的美感。但应特别注意与跷二郎腿坐姿区别开。跷二郎腿坐姿一般悬空脚的脚尖朝天，脚底朝向人，并伴有上下抖动脚的不雅动作，有的国家是忌讳脚底朝向人的，因为这表示挑衅、不满、轻视、愤怒的情感，是粗俗不雅的举止。

四、乡村旅游讲解员的行姿礼仪

行姿又称步态。我们常说"行如风"，是指人行走时像风一样轻快。人们走路的样子千姿百态，各不相同，给人的感觉也有很大的差别。例如，有的人步伐矫健、轻松、灵活，给人以精神振奋之感；有的人步伐稳健、自然、大方，给人以沉着庄重之感；有的人步伐有力，给人以英武、勇敢、无畏的印象；有的人步伐轻盈、敏捷，给人以轻巧、欢悦、柔和之感；有的人步伐缓慢、无力，行走时弯腰、驼背、步履蹒跚，给人以老态龙钟之感。走姿的基本要求是从容、平稳，应走出直线。

1. 目光

双目向前平视，微收下颌，面容平和、自然，不左顾右盼，不回头张望，不盯住行人随意打量。

2. 双肩

双肩平稳，肩峰稍向后，大臂带动小臂自然地前后摆动，勿故意摇晃双肩。

3. 上身

上身自然挺拔，头正，挺胸，收腹，立腰，重心稍向前倾。

4. 手位

前摆时，手不要超过衣扣的垂直线，肘关节微屈约30°，掌心向内，勿甩小臂；后摆时，勿甩手腕。行走时，不可把手插进衣服口袋里，尤其不可插在裤子口袋里。

5. 步位

对男士来说，假设脚下有两条直线，两只脚的脚跟分别交替前进，踩在直线上，脚跟先着地，然后迅速过渡到前脚掌，脚尖略向外，距离直线约5厘米；对女士来说，则应选择一字步走姿，即两腿交替迈步，两脚交替踩在一条直线上。

6. 步幅

步幅要适当，一般前脚的脚跟与后脚的脚尖相距约一脚长，男士可以略长一些。步幅也与服饰有关，女士穿旗袍、西服裙、礼服和穿高跟鞋时，步幅应小一些，穿长裤时，步幅可大一些。

7. 步态

步态即行走的基本姿势。性别不同，步态应有所区别。男士步态应矫健、稳重，具有阳刚之美；女性步态应轻盈，具有温柔、典雅之美。跨出的步子应全部脚掌着地，膝盖和脚腕不可过于僵硬，膝盖要尽量绷直，双臂应自然、轻松地摆动，使步伐因有韵律感和节奏感而更显优美。

五、乡村旅游讲解员的蹲姿礼仪

在工作和生活中，使用蹲姿的场合并不多。理想的蹲姿要求是，下蹲时一脚在前，一脚在后，两腿向下蹲，前脚全着地，小腿基本垂直于地面，后脚脚跟提起，脚尖着地。女性应注意双腿靠紧，男性则可适度地将双腿分开。

下蹲时，两腿合力支撑身体，避免摔倒。在工作场合，若无必要，不应长时间蹲着，毕竟蹲着是一个不太优雅的动作。更不要蹲着休息，因为长时间蹲着会令制服或工作装产生褶皱，会影响职业形象。另外，蹲着也会让人感觉精神不振、兴致不高，容易传达出一种消极信息。

下蹲拾物时，应自然、得体、大方，不遮遮掩掩；弯腰捡拾物品时，两腿叉开、臀部向后撅起是不雅观的姿态。若捡拾物品，可以先走到物品的旁边，右脚向后退半步后再蹲下来，把一只手放在腿上，用另一只手捡取物品。捡拾的物品在左侧时，可用左手捡取；捡拾的物品在右侧时，可用右手捡取。下蹲的时候，要避免动作过于唐突，因为毫无征兆地猛然蹲下会显得很粗鲁；蹲下的时候，要注意方向和距离，不能与前面的人相距过近，即使是帮忙捡取物品，也应略退后，然后再下蹲。

女士无论采用哪种蹲姿，都要注意将腿靠紧。例如，在集体合影中，有时候前排的人需要蹲下，女士可采用交叉式蹲姿。下蹲时，右脚在前，右小腿垂直于地面，全脚着地，左脚在后；左膝由后面伸向右侧，左脚跟抬起，脚掌着地；两腿靠紧，合力支撑身体；臀部向下，上身稍前倾。

总体来说，蹲姿的要点是，脊背保持挺直，臀部一定要蹲下来，避免弯腰翘臀。男士两腿间可留有适当缝隙；女士则要两腿并紧，穿旗袍或短裙时更要留意，以免出现尴尬。

人的魅力表现在举手投足之间,这种魅力并非天生,是可以通过后天的努力获得的。当我们身体挺拔,每个部位都处于正确的位置的时候,身材是很容易保持良好状态的。所以,我们既要通过训练掌握正确的坐、立、行、走姿态,还要在日常生活中注意保持这些正确的姿态。

六、常见的失礼小动作

在公共场合,人人都希望展示自己优雅的一面,但是我们还是有可能在无意中做出一些失礼行为。这些行为往往都是一些不经意的小动作,如抖腿、吃饭时发出声音等。这些动作出现在家庭等私人场合可能无伤大雅,但如果出现在社交场合,就有可能被别人理解为不尊重人、不雅观、令人不悦的不文明行为。这些失礼的小动作主要有在公共场合抖腿、吃饭时发出不雅的声音、当众整理妆容、开会时接听电话等。以下将做简要介绍。

1. 在公共场合抖腿

不管是站着还是坐着,抖腿都是一种不雅观、不尊重对方的失礼行为;跷起二郎腿,并且一只腿像钟摆似的晃来晃去,这也是相当难看的姿态。在正式场合,我们不应该抖腿,应身体挺直,坐有坐相,站有站相。如果我们已经意识到自己做出了上述动作,并且这些动作已经让对方产生不快时,那就应该迅速调整姿势,用眼神向对方表示歉意,或直接说声对不起。很多人坐着时喜欢抖腿,这大多是因为平时没有养成良好的坐姿习惯,所以要彻底避免这种情况的发生,就应该平时多加练习,养成好习惯。

从心理角度分析,一个人在谈话时抖腿,说明其内心焦躁、不安、不耐烦,或试图摆脱某种紧张感。同时,一个人坐在别人面前时,反复地抖动或摇晃自己的腿部,也会令对方感到心烦意乱。其实,如果我们和别人交往时感到紧张,可以把拇指握在手心,将紧握的双手放在膝盖上,这个办法通常都能缓解内心的紧张情绪。

2. 吃饭时发出不雅的声音

吃饭时,特别是喝汤时发出声音,吃菜时嘴里吧嗒作响,这些都是不雅的行为。吃饭时,进食不要太快,一次送入嘴中的食物不要太多,咀嚼的时候,双唇应该紧闭,这样就可避免发出声音。喝汤时,不要一边吹一边喝,可以等汤稍凉后,用汤匙舀取汤汁。一般情况下,人们认为吃饭时发出声音是胃口好、享受美食的表现;但在社交场合,这样的行为不仅不雅,而且会严重影响其他人的心情和食欲。因此,我们要避免吃饭时发出声音。在一些重要的商务宴请中,吃饭不应该是第一重要的事情,所以我们不能太专注于吃;在交谈时,一定要把嘴里的东西吞下后再开口说话。如果聚会时间过晚,也可以先吃点食物再去赴宴,以免由于过度饥饿而失礼。

3. 当众整理妆容

当众整理妆容会让人觉得不雅。在工作场合,当众整理妆容会令他人觉得你不够专心、不够尊重他人。因此，如果我们发觉自己的妆容出了点小问题，就应该及时到洗手间等比较私密的地方整理妆容。其实，一个人过度注重个人仪表，甚至当众整理妆容，都是不自信的表现。

4. 开会时接听电话

有的人在开会时接打电话，业务繁忙可以理解，但在开会时不停地接听电话也是对与会者极大的不尊重。如果在开会时因有重要事务需要处理而不能将手机关机，则应尽量缩短通话时间，告诉对方会后细谈。

其他常见的失礼小动作还有随手乱扔垃圾，当众挖鼻孔、掏耳朵、挠头皮、打哈欠，以及抓耳挠腮等。

在这些常见的失礼小动作中，有的动作反映的是一个人当时的某种心理情绪，如紧张、烦闷等，其根源可能是受关注不够或缺乏安全感，一般这种习惯都是在童年时代养成的。一个人要纠正这样的习惯，先要确定什么样的情绪会让自己在无意识中做出这样的动作，然后试着通过其他方式调整这种情绪。

在公众场合出现失礼小动作会令别人产生不被尊重的感觉，也会让别人觉得自己不够成熟，不够职业化，并导致别人对自己缺乏信任感。我们要注意在平时的言谈举止中，克服不经意中做出的失礼小动作。

本章小结

本章聚焦乡村旅游讲解员的礼仪素养。笔者从接待礼仪、仪表礼仪、形体礼仪三个角度展开论述，具有很强的针对性。笔者认为，乡村旅游讲解员在接待游客时，要注意个人仪容仪表，举止得体。在讲解中，乡村旅游讲解员的站姿、走姿、蹲姿等要符合礼仪规范。当然，面对不同的情况，乡村旅游讲解员也要灵活应对，切不可照本宣科。

课后小结与复习题

乡村旅游讲解员的礼仪素养

第五章
乡村旅游讲解员的写作素养

　　讲解员最有条件、最有资格写出优秀的解说词。这主要是因为长期在一线工作的乡村旅游讲解员对乡村和游客最为了解。但大多数讲解员却不具备写作基础，也不能写出高水平的解说词。而专业的创作者往往没有实地讲解的经验和感受，既不能深入了解乡村，又缺乏接触游客的条件，这就造成了解说词创作与实践的脱节，其结果是书面解说词枯燥无味，书面语色彩太浓，口语化水平不高，不能处理好"景"与"事"的关系，故事或事理往往游离于景观内涵之外，无法契合景观实际。这就要求相关部门强化讲解员培训，培养一批创作型的讲解员。讲解员如果一直处于照本宣科的水平，也无法真正匹配职业要求。要写出高水平的解说词，讲解员就需要同时在"嘴"和"笔"上下功夫。"笔杆子"功夫能促进"嘴皮子"功夫的提升，"文才"也能使"口才"锦上添花。

第一节　乡村旅游讲解员的解说词撰写要求

　　解说词是一种由讲解员在引导游客游览时，对人、物或景进行解释说明的应用文体。解说词最终要以讲解员的口头形式表达出来，因而口头表达形式是解说词的基本形式。讲解员是语言表达的主体；游客是解说词的受众；介绍、说明、讲解旅游景区的景观是解说词的基本内容。乡村旅游讲解员要准确找到讲解的切入点，结合游客的特点，根据他们的需要进行讲解。

一、写解说词和写文章一样，要做到"凤头、猪肚、豹尾"

1. "凤头"

　　"凤头"即起头要出彩，好的开端是成功的一半，第一印象尤为重要，因为讲解员与游客相处的时间很短暂,多数游客会依据第一印象判断讲解员的素质和水平。好的解说词开头要求亲切、热情、新颖。开头的方式主要有介绍式、故事式、朗诵式、猜谜式和投其所好式。

(1) 介绍式开头。

这是最常用的方式,它的特点是能比较全面地介绍景观不同方面的情况,使游客能尽快知晓。如:"大家好,首先请允许我代表某村向各位表示热烈的欢迎,预祝大家高兴而来,满意而归。我先做一下自我介绍,我姓杨,名一,大家可以叫我小杨,接下来,我把我们村的概况为大家介绍一下……"

(2) 故事式开头。

故事能很好地吸引游客的注意力,也能激发游客的好奇心和探索欲,能使游客在不知不觉中受到启发和激励,增加景观的艺术感染力。例如,讲解员可以这样介绍桃花岛名称的由来。

> 传说,很早时,桃花岛还是一个荒岛,秦朝时,有个名叫安期生的居士,为避战乱,独自划着一只小船,漂流到这个岛屿。他上岸后一看,岛上无人居住,四面是海,东西两边是山,两山之间是一片平地,气候温暖,风景优美,他感到很欣喜,就决定在这个岛上住下来。他设炉炼丹,开垦种植,有空时就写字画画,日子过得很快活……
>
> 每年,在桃花盛开的季节,潮水奔涌,乌贼也会被冲上沙滩。这样一来,就有很多渔民在这个季节来这里打捞乌贼。渔民越来越多,有渔民临时在岛上住下来,等乌贼鱼汛过了再回去。日子一长,有些渔民看着岛上土地肥沃,适合开垦,就索性拖儿带女,全家人都搬来岛上定居。随着时间的推移,到岛上来定居的渔民越来越多。
>
> 人多了,岛上就变得嘈杂起来了,人们相处时也难免发生磕磕碰碰。安期生生性孤僻,喜欢清静。这样哄闹闹的环境让他感到很烦躁,很快,他便从岛的东南部搬到岛西北角的山上,找到一个向阳的山洞住了下来。谁知,没过多少日子,到西北角来定居的渔民也多了起来。没办法,安期生打算离开这个岛,另找一个僻静的安身之处。
>
> 数日后,他雇了只小船,准备离岛。临开船前,他坐在海滩边的一块岩石上,看看山,望望海,十分留恋。他回想自己在这个岛上住了几十年,现在要离去,心里有点惆怅。他触景生情,拿出文房四宝,以酒代水,磨好满满一砚浓墨,正想提笔写诗,船老大叫了起来:"快上船吧!再不开船,就要错过潮水了。"安期生没办法,只好端起砚台,将墨汁泼在岩石上,依依不舍地走了。过了不久,墨汁泼过的地方呈现出许多花纹,好像一朵朵盛开的桃花,任凭风吹雨淋,这些桃花都不曾褪色。
>
> 直到现在,这岛上的岩石表面,还留有桃花形状的花纹。安期生泼墨成桃花,"桃花岛"由此得了名,并世代相传至今。

（3）朗诵式开头。

以此种方式开头，句子需要精美，在朗诵时，讲解员需要情感饱满，篇幅不宜过长，朗诵结束后，讲解员要立即进入自我介绍。如："当您踏上这片富饶的土地时，就仿佛迈入了诗情画意中。此刻，它正张开双臂，热情地欢迎大家的到来。"

（4）猜谜式开头。

使用此法，讲解员需要注意找准时机，谜语要紧扣景点，难度不能太大。如："女士们，先生们，在我开始讲解之前，请大家猜个谜语吧，谁猜中，谁就得奖（说完，讲解员拿出一个旅游纪念品）。请听好，两个胖子结婚——打一地方名。""合肥！"游客异口同声地喊了起来，开场白取得了较好的效果。

（5）投其所好式开头。

如果讲解员接待的是专业团队，可以有针对性地结合他们的职业特征，撰写褒奖式的开头。比如，如果游客是医学界的专业人士，讲解员就可以一首广为流传的即兴诗作为开头：

每当我忆起那病中的时光，
白衣战士就引起我深情的遐想。
他们那人格的诗、心灵的美，
还有那圣洁的光，
给我以顽强生活的信心，
增添着我前进的力量！

2. "猪肚"

"猪肚"即解说词的主体部分要言之有物，紧凑而有气势，如同猪肚一样充实、丰富、饱满。有了精彩的开头，自然不能在文章的主体部分华而不实。主体部分是最能凸显讲解员功力的部分。解说词的主体部分要有丰富、饱满的内容，要避免空洞无物。

3. "豹尾"

豹的尾巴非常有力，"豹尾"指解说词的结尾应表现力强。解说词结尾的主要内容有：总结游览经历、听取游客的建议、表达惜别之情、期待重逢的愿望、表达对游客的美好祝愿。如："要和各位说声再见了，此刻我的心情既激动又难过，我的工作不是那么尽善尽美，谢谢各位对我的支持，希望来年我们有缘再次相会，我将提供更好的服务，在离别的时候，我衷心祝愿大家身体健康，平安顺遂。"

二、解说词要区别于演讲稿

讲解和演讲都是语言艺术的表现形式，都是由一个人面对众人进行表达。因此，在撰写解说词时，我们容易将其与演讲稿混淆。实际上，把解说词当作演讲稿来写是一个较为普遍的问题。

演讲稿与解说词的区别

解说词是以"物"为中心，是对参观对象的讲述和介绍，解说词必须围绕被讲解的对象客观地讲；演讲稿往往传达了作者对一个事件或一个问题的思辨或感受，因此它带有强烈的主观色彩，我们也可以说，演讲稿是围绕着"人"来写的。

三、解说词要口语化

解说词的口语化是一个老生常谈的问题，播音、演讲、报告都要求做到口语化。然而，解说词的口语化还有特殊的要求，这是我们在解说词写作中应该认真思考的问题。

我们知道，读与听是完全不同的。我们读一段文字的时候，如果一遍没有读懂，可以反复去读，一直读到能够完全理解为止；然而，听却没有那么方便，别人说的话，如果我们没有听清或听懂，也不太方便请别人重复。所以，听的内容应该比读的内容浅显易懂。这个道理同样适用于解说词写作。在解说词写作中，我们就必须少用书面语，不用生僻字，减少同音误解，避免句子太长，这是一般性的要求。例如，如果讲解员说"诸位，请看前方古木参天"，游客也不懂这是什么古木，不如说"诸位，请看前方这株千年银杏"，显然后者效果更好。

四、解说词要跌宕

解说词的跌宕，是指解说词要富于变化，通过变化达到引人入胜和缓解游客疲劳的目的。长期以来，许多解说词没有在谋篇布局上下功夫，有的解说词甚至是从网络上复制而来的，如此一来，解说员的作用就难以真正地发挥出来。解说词的跌宕主要表现在以下几个方面。

1. 物的转移形成视角跌宕

有资料显示，观众在每个画面前停留的平均时间为30秒左右。因此，我们在解说词写作中，一定要将每个景观的解说词控制在100字以内。比如，在讲解一件文物时，解说词的内容就应该控制在2分钟左右。这样，我们便可以通过画面的转移造成观众视觉的变化，缓解观众在参观中的疲劳。

2. 人称变化造成距离的跌宕

为了客观地对景观进行介绍，一般情况下，解说词都习惯用第三人称叙述。这种方法容易产生类似画外音的效果。但是，这也容易使观众在心理上产生距离感。如果我们在解说词写作中有意识地把第三人称变换成第一人称或第二人称，就会使讲解内容与观众的距离发生变化，增强观众的参与意识与亲切感。如，"让我们一起翻开烈士留下的日记吧""如果您能到白城来，体味一下铁血女真苍凉的历史，感受一番科尔沁草原各族人民的古朴热情，相信您绝不会失望而归"。

3. 人物变化产生情感跌宕

在介绍历史人物，特别是英雄人物时，我们的解说词要适时选用人物的原话，为讲解员创造变换人物的条件,当讲解员以人物的身份和语调直面观众,就会使观众有身临其境之感,观众对历史人物也会有更加真切的感受。

4. 角度变化引起思维的跌宕

我们写作的解说词基本是围绕主题展开的。如果在解说时,我们根据讲解对象的不同特征,从经济学、生态学、美学等其他方向引导观众,则会使观众的思维更加活跃。如某展馆陈列的一个鱼钩石范,是当地三千年前使用和制造青铜器的证明,如果讲解员在讲解时让观众根据硕大的鱼钩想象当时丰富的鱼类资源,根据鱼钩石范的造型了解鱼钩的发展史,这常常能使观众兴趣盎然。

五、解说词要有语言色彩

一篇好的解说词不仅要有充实跌宕的内容,还要有精彩的语言。解说词的语言要能够吸引游客的注意力,激发游客的想象力,使游客获得视觉和听觉上的享受。解说词必须是有色彩的,这里的"色彩"包括词汇色彩和语音色彩。

解说词要有词汇色彩,是指在解说词的写作中,我们要选择能够激发游客思考和联想美好事物的词汇。观众一听到这样的词汇,就会在不知不觉中跟着讲解员的思路走,参与到对景观的鉴赏之中。

解说词要有语音色彩,是指在解说词的写作中,我们要尽量选择既符合内容需要,又能使观众在听觉上获得愉悦的字和词。写作解说词的目的主要是供讲解员讲解,而不是供游客阅读,因此在写作时,我们必须考虑解说词的发音效果。表达相同含义的词汇,有的可能发音响亮,有的可能发音低沉;有的可能明快,有的可能晦涩;有的可能俏皮,有的可能稳重。我们在写作解说词时,要根据内容需要,用语音色彩去营造特定的氛围。

六、解说词要有针对性

游客具有不同的年龄、文化、职业背景,参观目的也不尽相同。因此,我们要根据不同游客的特征,写出侧重点不同的解说词,如此一来,解说词既要有广泛性,又要有针对性,要做到有的放矢,而不是千篇一律。例如,某讲解员带领青年学生参观湘江战役·灌阳新圩阻击战酒海井红军纪念园时,做出了这样的讲解:

"1934年11月30日,红五军团某师主力奉命撤离新圩阵地增援界首,形势紧迫,战地救护所里的100多名重伤员来不及安全转移。国民党地方军队和恶霸、地主返回后,将战地救护所里的100多名重伤员抬至村西北的酒海井,将他们活活扔入连通地下暗河的酒海井里,致使伤员全部牺牲……2018年,桂林市启动了酒海井红军烈士遗骸勘探打捞工作,最终打捞出20多具人体遗骸。令人震惊的是,在一具相对完整的遗骸上,还裹着当年捆绑的棕绳。经专家鉴定,这些遗骸就是1934年在酒海井遇难的红军战士,他们年龄在15~25岁之间。15~25岁,多么美好的青春年华呀!

跟你们一样的年龄啊！但他们却连名字都没留下，为了中国革命的胜利，他们献出了自己宝贵的生命……"

这段解说词特别强调遇害红军战士的年龄，就是针对与他们年龄相仿的青年学生群体，使之成为活生生的教材，引起青年学生的强烈共鸣，带给他们心灵上的震撼，引发青年学生对历史的思考。

第二节　乡村旅游讲解员解说词素材积累

在动手写解说词之前，我们需要积累大量的素材。怎样从丰富的素材中选取一些合适的材料并有详有略、繁简适度地表达出来，这是我们要特别注意的问题。

任何一篇解说词，想富有感染力，吸引游客的注意力，就必然要以丰富的材料作为基础。因此，在撰写解说词之前，从各个方面收集材料是必须进行的一项工作。积累了足够的素材之后，我们要从中进行筛选。

一、查阅史料

查阅文献档案、了解历史资料是撰写解说词的基础，但撰写解说词不是照搬照抄历史资料，也不是对历史资料的简单复制，而是在历史资料的基础上进行再次创作。我们撰写解说词时，应该充分阅读当地的历史资料，认真分析、筛选具有代表性的、优秀的、最能反映当地文化的精华部分。不能歪曲历史事实，也不能人为地演绎或者发挥，更不能在解说词中添加为哗众取宠而掺杂低级趣味的内容。例如，某讲解员在讲解位于桂林市逸仙中学校园的苏曼、罗文坤、张海萍烈士墓时，讲到三人在学校宿舍集体自杀，为了迎合游客的好奇心，大量引用当时国民党相关部门污蔑此事件为争风吃醋、集体殉情的报道内容，并且演绎发挥，将子虚乌有的所谓三角恋讲得眉飞色舞，引得游客发出一阵哄笑。这段讲解词就歪曲了历史事实，以国民党在报纸上的造谣为主，并人为地加以演绎发挥，实不可取。

乡村旅游讲解员应加强历史文化知识的学习，提升自身的文化素养，至少在向游客讲故事的时候，知道哪些是历史事实，哪些是文学创作，哪些是民间传说。

二、进行采风和田野调查

乡村旅游解说词中的素材多来自民间。我们通过采风和田野调查，可以广泛收集资料，了解乡村发展和市井文化。我们在解说词中，将这些资料进行加工整理，可以更好地帮助游客了解当地的地理、历史、人文知识，了解当地人的风俗习惯。

第三节　乡村旅游讲解员解说词中心的确定

我们撰写解说词时，首先要确定乡村旅游的主题，这就要求我们重视中心的提炼。

一、确定解说词中心的决定性因素

资源特色是决定乡村旅游解说词中心的决定性因素。乡村旅游资源主要有自然资源和人文资源，旅游活动主要有观光型、鉴赏型、知识型、体验型、修学型、康乐型等，可以说资源特色决定了旅游性质，适应了不同游客群体和目标市场的多元化需求，决定了乡村旅游景观的文化主题，进而决定了解说词的文化主题。

地文景观、水域风光、生物景观、气候与天象景观等自然景观资源适宜进行避暑、避寒、疗养等，具有游览、观光、休养、娱乐、健身等吸引力。历史遗迹、建筑遗址、石窟石刻等历史文物古迹可供参观求知。特殊民俗礼仪、习俗风情、节日庆典、民族艺术和工艺及其载体具有可视、可感、可参与性。清新质朴的乡村风光、古镇村落亦能让人寻古探幽、返璞归真，这些不同的旅游主题决定了解说词不同的主题。

二、解说词中心的提炼标准

解说词涉及对景观的历史文化价值、艺术鉴赏价值和科学价值的评价，也反映了景观的审美情趣。解说词的中心有深浅、新旧、正误之别，解说词本身的价值会影响景观的价值。有的景观本身价值很高，如果解说词非常肤浅，内容无法打动游客，可能使景区显得平淡无奇；有的景观原本看起来非常普通，如果我们撰写的解说词能深刻挖掘景观的内涵，并精准地进行推介，可能就使整个景区成为网红打卡地，吸引无数游客慕名前往。提炼解说词的中心，一般有以下三个标准。

1. 准确性

准确性是对解说词中心的思想性、科学性或审美价值的要求。解说词的中心要符合景观的真实情况，充分揭示景观的文化内涵，帮助游客去认识和欣赏其深层价值，满足游客的心理需求，培养游客积极健康的情感和对生活、大自然的热爱，从而激发游客的生活情趣，提高游客的道德情操。例如，山西珏山是中国赏月名山，主题文化是赏月，由这一自然景观而延伸出的人文内涵非常丰富，寺、观、殿、门形成了丰富的道教文化积淀；以赏月为雅事的饱学之士，如唐代诗人杜牧，明代尚书王国光、文学家董绪，清代名相陈廷敬等都在此留下了遗迹；为赏月，古代统治者在珏山双峰间建起了真武宫、灵官顶、一天门、二天门、三天门和过月亭等，使游客于登山中感受大自然的美妙，体验"无限风光在险峰"的意蕴。所以，一切景观与文化解说词都应把握好中心，从而确定一条线索，这就是解说词的准确性。

2. 集中性

集中性主要指解说词的中心简明准确，这样会使问题明朗化，便于说深刻、说透彻，增强主题的表达效果。我们撰写解说词时，必须把握一个主题，不宜同时存在两个或两个以上的中心，否则就会没有重点，妨碍我们对主题景观的准确把握。如果景区的主题文化比较散乱，解说词则要注意过渡得当，设法将重点景观文化进行衔接。例如，安徽肥西三河古镇，作为中原地区与江南政治、经济、文化相融合的一个重要节点，饮食文化非常突出且具有特色，但古镇还与近现代许多重要的政治、军事、科技界的名人有联系，如淮军将领刘秉璋、周盛波、潘鼎新，太平天国英王陈玉成，民国时期的民主人士董寅初，著名将军孙立人，现代物理学家杨振宁等。作为解说词，当然要尽量涉及所有文化元素和景观，但必须重点突出，而且要注意文化的联系与衔接。三河古镇的文化总体与近代传承的士族文化是一脉相承的，士族文化中诞生了士族名人，进而衍生出绚丽多姿的饮食文化。如果我们把饮食与名人结合在一起，则名人、饮食、古城之间的关系会更加明朗。

3. 深刻性

深刻性反映中心的深度。解说词不能停留在景观表面现象的罗列和说明上，而应该揭示景观的深层本质和内涵。当然，中心的深刻性不是抽象推论或思想的凭空拔高，而是表现在个性鲜明的具体材料之中。以下是山西灵石王家大院的解说词。

> 被誉为"华夏民居第一宅"的山西灵石王家大院是我国最大的民居古建筑群，是晋商大院的典范，其建筑艺术和文化价值都堪称中华一绝。我国著名建筑学家郑孝燮不顾年迈，两次专程到王家大院考察研究，他称王家大院是"国宝、人类之宝、无价之宝"。高家崖、红门堡两组建筑群东西对峙，一桥相连，皆为黄土高坡上的城堡式建筑。其特点是依山就势，错落有致，层楼叠院，鳞次栉比，气势宏伟，功能齐备。高家崖建筑群继承了我国西周时即已形成的前堂后室的庭院网络；红门堡建筑群顺应地理条件，一部分为前园后屋的总体设计，再加上匠心独具的砖雕、木雕、石雕，装饰典雅，内涵丰富，实用而又美观，兼融南北情调，具有极高的文化品位。坐落在灵山县静升镇的王家大院是静升王氏家族耗费半个世纪修建而成的豪华住宅，总面积达15万平方米，目前4.5万平方米被列为国家级文物保护单位，共有院落54幢，房屋1052间。
>
> 近年来，大批建筑学、历史学、社会学、伦理学等方面的专家学者到王家大院考察研究，均从不同角度对王家大院给予较高评价。王家大院除了独特的建筑艺术和文化韵味之外，静升王氏家族的发家历史也非常具有传奇色彩。静升王氏，出自太原。元朝皇庆年间，一个名叫王实的人定居静升，在事耕的同时，兼做豆腐，由于技高一筹，加之为人敦厚，生意渐

兴。王实被尊为静升王姓始祖。至清初，王家有两位老人先后参加过清政府的"千叟宴"，受封典的二品至五品官达 42 人，由此足以看出王家的显赫。民国初年，王家店铺仍然覆盖晋、冀、京、津。"卢沟桥事变"之后，王家举家南迁，人去楼空。王家大院经整理，自数年前对外开放后，迄今已接待了国内外游客近千万人，成为我国一大旅游热点目的地。

这是王家大院的解说词片段，除了说明王家大院的诸多景点以外，解说词针对建筑艺术进行了重点讲解，这就在传播文化知识的同时帮助游客了解王家大院的内核精神。这样的讲解独辟蹊径，能给游客留下深刻的印象。

三、解说词的中心决定解说词的内容和形式

1. 中心决定材料的取舍和提炼

关于景区的材料介绍数量多，内容杂，有些内容甚至存在错误，或者存在自相矛盾之处。在选材时，我们不能把这些材料原封不动地复制到解说词中，而要去伪存真、去粗取精。只有根据主题表达的需要进行取舍和提炼，才能使杂乱无章的材料变成典型的、富有生命力的、互相联系的素材，最后通过加工整理使材料成为一个有机整体，形成一篇优秀的解说词。

2. 中心决定解说词的谋篇布局

一般情况下，解说词都是按照景区旅游线路的先后顺序和景点的主次层次分明地安排布局，疏密有致，跌宕起伏。只有明确解说词的中心，我们在撰写中才能做到详略得当、重点突出、谋篇严谨、布局合理。

3. 中心决定解说词的表达手法

解说词的中心不同，适合的表达手法也不同，例如，介绍自然风光时，要以描写和抒情为主；介绍文物古迹时，要以说明和论述为主；介绍民俗民情时，要以叙述和展示为主；介绍红色旅游景观时，要以记叙和颂扬为主；介绍体验式旅游项目时，则注重讲解安全和操作知识，激发游客的兴趣，营造积极的氛围，给游客足够的空间和时间进行想象与体悟。总之，不同中心的解说词有不同的表达手法。就算是介绍同一景观，当讲解员面对不同区域的游客、同一区域游客的不同群体、同一群体的不同个体，以及同一个体游客不同时期的不同需求时，也要采用不同的表达方法。

第四节 乡村旅游讲解员使解说词出彩的技巧

要想使解说词出彩，吸引游客的注意力，给游客留下深刻的影响，讲解员可采用如下技巧。

一、充满生活气息

要在一篇解说词中营造生活气息，我们就需要直白、通俗、精准地传达信息。通俗易懂是解说词的基本要求，不论景观的具体情况多么复杂，也不论景点的文化内涵多么深奥，讲解员都要尽量使游客听得懂、听得明白。具体的方法是，讲解员可以采用由浅入深、由表入里的讲解办法。在此列举两段解说词作为比较。

例1

各位游客，榭，榭者，籍也，籍而成者也。或水边，或花畔，制亦随态。常因园景而设，在水边称水榭，或傍岸筑台，或架空做础。建筑基部一半在水中，一半在池岸，也称为水阁。临水立面开敞，设有栏杆，屋顶多为卷棚歇山式。

例2

各位游客，榭在园林中起着增加景色吸引力的作用，其建筑形式有多种，比如设在水边的称水榭，设在池岸边的称水阁等，屋顶一般为卷棚歇山式，简单地说，榭是半水半地观水景的建筑。

对比上述两段解说词，我们可以看出，虽然两段解说词内容相似，但例2的语言表达更为通俗易懂。

又如，当游览车在一段坑坑洼洼的道路上行驶，有游客抱怨太颠簸时，讲解员可以说："请大家稍微放松一下，我们的汽车正在给大家做身体按摩，按摩时间大约为10分钟，不另收费。"

二、主观性强，有代入感

频繁使用"你"作为主语，将听众置于对话模式，使之跟随讲解员的行动，有利于营造代入感，使游客产生尝试的念头以及传播的意愿。解说词中的语言要拉近解说员和游客之间的距离，比如，"各位游客，你们是否想过？这些烈士的鲜血……"，这样的解说词似乎把讲解员和游客割裂开来，如果将其中的"你们"改为"我们"，效果会更好。称呼的改动看起来微不足道，却在无形中拉近了讲解员和游客的心理距离，游客听着这样的解说词，就像在和讲解员做推心置腹的交流。

三、丰富叙事

有些表达不适合用常规的表现手法来呈现，此时，我们就可以另辟蹊径，用夸张、比喻等手法表现。例如，某讲解员这样描述吃羊排："如果你啃的是羊排，那最好带着些许仇恨，把它想象成你生活中的敌人，心无旁骛地撕咬，目不转睛地咀嚼，全力以赴，彻底征服它，才不枉对抗中的口水淋漓。"这段解说词将羊排比作"生活中的敌人"，既恰到好处地呈现了人们吃羊排的快、准、狠，也带着调侃解释了人们吃相不雅的原因。

四、迎合需求

如果讲解员面对的是中老年群体，可结合这个群体注重健康和养生的特点来进行讲解。例如，有讲解员这样描述宁夏滩羊肉质好："吹着微风，畅游天地，吃中草药，喝矿泉水，还跑步健身，这便是宁夏滩羊的幸福生活。"其中，"吃中草药""跑步健身"分别对应了养生、健康这些中老年群体关注的热门话题，对宁夏滩羊生活状态的描述也符合城市人对田园牧歌和诗与远方的生活的想象。

五、引用

引用就是在撰写解说词时，有意引用成语、诗句、格言、典故等。其实，在许多解说词中，我们都使用了引用这一手法，例如引用故事、诗文、民谣等。

例如，在介绍西红柿时，可以这样撰写解说词：

> 关于西红柿，您了解多少呢？西红柿又叫番茄，原产于南美洲，是一种生长在森林里的野生浆果。不知为何，当地人认为这是一种有毒的果子，虽然它成熟时鲜红欲滴，十分美丽诱人，但人们还是对它敬而远之。一直到17世纪，一位法国画家实在抵挡不住番茄的诱惑。因此，他冒着生命危险吃了一个，觉得酸酸甜甜的，然后，他便躺在床上等着死神的光临。当然，他并没有中毒而死，大家这才相信西红柿是没有毒的。

六、赋予景观文化内涵

例如，我们可以这样撰写桂林漓江兴坪佳境的解说词：

> 请看，黄布滩附近的水面波平似镜，水中的倒影也格外清晰。清代诗人袁枚对此做了形象的描绘："分明看见青山顶，船在青山顶上行。"为什么漓江如此清澈呢？这是因为漓江流经的地区为岩溶地貌的发育地带，泥沙少，并且气候温暖潮湿，植物茂密，此外，这还与桂林百姓有良好的环保意识有关。这都使得漓江成为广西含沙量最少的河流。

七、增加趣味性

在进行解说词撰写时，我们要注意用词，语言要生动形象，可以恰当地应用拟人、比喻、排比、象征、夸张等修辞手法，从而使静止、抽象的景观变得生动。

幽默风趣、情感丰富的解说词能更好地将游客带入意境中，能给游客留下深刻的印象。

例如，某旅行社讲解员这样介绍东莞市容：

各位团友，欢迎大家来到东莞旅游。到我们东莞来，第一件需要注意的事情就是我们这个市名的发音，好多以前来的朋友都念成"东碗"，只因为有个成语叫"莞尔一笑"。您倒是笑开心了，咱东莞人民可不答应了。我们的城市怎么就变成一只碗了？其实，东莞盛产一种水草，叫莞草，它的发音是"管"，东莞又位于广州的东边，所以慢慢地就有了"东莞"这个名字。

有人可能要问了，莞草有什么用处？莞草在过去用处可大了，广东天气热，过去的老广东人一年四季床上都铺着席子，席子是用什么编成的？就是这莞草了！而且当时莞草还大批地销往中国香港和东南亚，因为那里的天气也都很热。过去，广东的学生到北京读书，人人都不带褥子，而是带张席子去，大冬天也只在床板上铺着一张席子。校领导检查学生宿舍时，一看就差点落泪，赶紧叫学生处补助褥子，结果过几天去一看，褥子是铺上了，但上面还铺着一张席子，真是拿他们没办法。这体现了我们莞草席巨大的吸引力！不过，现在的莞草席很少见了，因为家家户户都装上了空调，这个行业也逐渐没落。如今，想要在东莞看莞草席，只能去博物馆了！

八、增加互动性

解说词不能只是简单的讲述和说教，因为填鸭式的讲述并不能很好地使游客产生共鸣。讲解员需要不断地与游客交流互动，才能达到更好的效果。在解说词中设计讲解员与游客互动的内容，能调动游客参与的积极性，使讲解内容入脑、入心。因此，撰写解说词时，我们还应根据讲解内容设计不同的与游客互动的环节，包括一些知识提问、抢答及游客心得体会交流等；在游客游览过程中，解说词切忌全部都是讲述和说教，但也不能全部都是交流和互动，关键是把握好与游客交流互动的度。

如，某讲解员在介绍河池市凤山县红军岩（恒里岩）战斗遗址景点时，这样进行讲解：

各位游客，请看岩内左上方这具保存完好的干尸，经过鉴定，死者为未婚女性，身高约 1.65 米，年龄大约为 17 岁，右侧大腿有一处枪伤，死亡时间为 90 多年前。她是谁？她为什么被安放在这个岩洞里？又为何在这里躺了 90 多年？参观完毕，答案就会浮出水面。

1931 年初，邓小平、韦拔群领导的红七军主力北上后，留守在东兰、凤山革命根据地的 100 多名红军、赤卫军在这儿凭险据守……当时，一位年仅 17 岁的女赤卫队长黄彩川表现特别突出。后来，在一次战斗中，一颗子弹击中了她的大腿，她带着伤痛继续作战，最终因伤口恶化又无药物医治而不幸牺牲。战士们把她的尸体安放在洞中一个非常隐蔽的地方。后来，洞中的 100 多名战士全部壮烈牺牲……2005 年 3 月 6 日，一位村民意外地在洞中发现一具保存完好的干尸。她是牺牲的女赤卫队长黄彩川吗？从死者的年龄、死亡时间和枪伤的位置来看，都很吻合，但没人敢下结论。这时，一位老人看到了死者遗物中的一枚顶针和发簪，竟然号啕大哭起来，她说："这是我妹妹的。"原来，这样的顶针她也有一枚，是母亲送给她们姐妹俩的。从这枚顶针推断，这具干尸就是黄彩川烈士的遗体。

这样设计解说词，灵活运用问答法，不仅调动了游客的积极性，巧妙抓住游客的注意力，而且避免了讲解员长时间独自讲解而给游客带来的乏味感。

本章小结

本章聚焦乡村旅游讲解员的写作素养。笔者从解说词撰写要求出发，认为解说词要区别于演讲稿，要符合口语化要求，要富于变化，有语言色彩和针对性。乡村旅游讲解员平时要注重素材积累，通过查阅史料、采风和进行田野调查丰富解说词素材。在撰写中，讲解员要注重解说词中心的提炼，通过多种技巧的运用，写出生动出彩的解说词。

课后小结与复习题

乡村旅游讲解员的写作素养

第六章
乡村旅游讲解员的演说素养

乡村旅游讲解员通过自己的语言，带领游客沉浸式地体验美丽乡村的无限魅力。其实，我们很难准确界定乡村旅游讲解员"说"的素养，这种素养大致介于导游的"能说"与播音员、主持人的"会说"之间。

传统意义上的导游，在讲解中强调快节奏，要在规定时间内完成每个景点的讲解，经常是走马观花；而乡村旅游讲解员，在讲解中要突出慢节奏，要鼓励游客在互动中深入体验农耕文明带来的闲适，带领游客感悟乡村生活的悠闲自在。不论是导游，还是乡村旅游讲解员，能说、会说，都是他们的核心素养之一。

随着互联网的普及，短视频、直播逐渐兴起，乡村旅游讲解员的素养"说"，又面临新的挑战，他们不仅要在线下"说"，还要在线上"说"。线下"说"，就是乡村旅游讲解员与游客面对面地说；线上"说"，就是乡村旅游讲解员在微博、微信、抖音、快手等社交媒体上开通个人账号，成为网络主播，在线上推介乡村旅游景区，带领游客云游乡村。

乡村旅游讲解员，不管是在线上，还是在线下，都必须具备"说"的本领。如果练就这种本领呢？本章将从语音和发声技巧、即兴表达技巧、美学修辞技巧这三个方面进行论述。

第一节 乡村旅游讲解员的语音和发声技巧

乡村旅游讲解员的语音和发声技巧，应该分为两个部分，即语音和发声。语音，即普通话，通过声母、韵母、声调、语流音变的训练，让人听得清晰、准确，具体可以参考国家普通话水平测试的内容。发声，即声音的美感，通过呼吸的控制、口腔的控制、吐字归音、共鸣控制等，使说话的声音悦耳动听、声情并茂。

乡村旅游讲解员的语音发声技巧，同播音主持、表演等学科的基本要求是一致的，目的是让内容传达得更准确，情感表达得更丰富，美学意境营造得更浓厚。乡村旅游讲解员的发声技巧，是讲解员必须掌握的基本功。讲解员要经过专业学习和刻苦的训练，才能掌握发声技巧，最终使游客想听、爱听，听得过瘾，听得明白。

一、乡村旅游讲解员的语音

乡村旅游讲解员的语音，通俗地讲，就是说好普通话。普通话的音节由声母、韵母、声调三部分组成。乡村旅游讲解员接待来自全国各地的游客时，应该使用全国通用的普通话。汉语方言非常复杂，我们常说"十里不同音"，而普通话的运用，能够扫清讲解员与游客之间的沟通障碍，确保信息传达准确无误。

2000年10月31日，第九届全国人民代表大会常务委员会第十八次会议通过的《中华人民共和国国家通用语言文字法》第十九条规定："凡以普通话作为工作语言的岗位，其工作人员应当具备说普通话的能力。以普通话作为工作语言的播音员、节目主持人和影视话剧演员、教师、国家机关工作人员的普通话水平，应当分别达到国家规定的等级标准；对尚未达到国家规定的普通话等级标准的，分别情况进行培训。"

2021年6月23日，《文化和旅游部办公厅关于组织实施2021年全国导游资格考试的通知》在报名条件中也指出，相关人员要"具有适应导游需要的基本知识和语言表达能力"。

根据相关法律和行业规范的要求，讲好普通话和良好的语言表达能力是乡村旅游讲解员必须具备的专业能力，这也是乡村旅游讲解员努力的方向和目标。万丈高楼平地起，从业者必须脚踏实地，辛勤耕耘，才能塑造良好的从业形象，开创乡村旅游讲解的新天地。掌握以下语音知识，有利于乡村旅游讲解员更好地发音，为开展讲解工作奠定基础。

（一）声母

普通话的声母，是音节的开头部分，也叫字头。普通话有21个声母，除此之外，还有一个零声母。我们可以根据声母的发音部位和发音方法对声母进行分类。发音部位是指发音时气流受到阻碍的地方。根据发音部位的不同，可将声母分为七类。发音方法是指发音时构成阻碍和消除阻碍的方式。根据发音方法的不同，可将声母分为五类。以下以发音方法的不同，对声母进行简要介绍。

① 双唇音：上唇和下唇紧闭，阻塞气流而形成的音，如b、p、m。
② 唇齿音：下唇和上齿接近，阻塞气流而形成的音，如f。
③ 舌尖前音：舌尖和上齿背接触或接近，阻塞气流而形成的音，如z、c、s。
④ 舌尖中音：舌尖和上齿龈接触，阻塞气流而形成的音，如d、t、n、l。

⑤ 舌尖后音：舌尖和硬腭前部接触或接近，阻塞气流而形成的音，如 zh、ch、sh、r。

⑥ 舌面音：舌面前部和硬腭前部接触或接近，阻塞气流而形成的音，如 j、q、x。

⑦ 舌根音：舌面后部和软腭接触或接近，阻塞气流而形成的音，如 g、k、h。

（二）韵母

普通话的韵母是音节后面的部分，韵母由韵头、韵腹和韵尾三部分组成。韵母共有 39 个，分成单韵母、复韵母、鼻韵母三大类。按发音特点来分，可以分为开口韵、齐齿韵、合口韵、撮口韵四类。

1. 单韵母

由一个元音构成的韵母叫单韵母，又叫单元音韵母。单韵母发音的特点是自始至终口形不变，舌位不移动。

共有 10 个单韵母，为 a、o、e、ê、i、u、ü、-i［前］、-i［后］、er。

2. 复韵母

由两个或三个元音结合而成的韵母叫复韵母。

共有 13 个复韵母，为 ai、ei、ao、ou、ia、ie、ua、uo、üe、iao、iou、uai、uei。

根据主要元音所处的位置，复韵母又可分为前响复韵母、中响复韵母和后响复韵母。双韵母是复韵母的特殊形式。

3. 鼻韵母

由一个或两个元音后面带上鼻辅音构成的韵母叫鼻韵母。

共有 16 个鼻韵母，为 an、ian、uan、üan、en、in、uen、ün、ang、iang、uang、eng、ing、ueng、ong、iong。

鼻韵母又分为前鼻韵母和后鼻韵母。以 -n 为韵尾的韵母叫前鼻韵母，以 -ng 为韵尾的韵母叫后鼻韵母。

前鼻韵母有 8 个，为 an、ian、uan、üan、en、in、uen、ün。

后鼻音韵母也有 8 个，为 ang、iang、uang、eng、ing、ueng、ong、iong。

（三）声调

声调是指语言的音调的变化。在现代汉语语音中，声调是指汉语音节中所固有的，可以区别意义的声音的高低。音乐中的音阶是由音高决定的，我们可以用音阶来模拟声调，我们也可以借助自己的乐感来学习声调。但要注意，声调的音高是相对的，不是绝对的；声调的变化是滑动的，不像从一个音阶到另一个音阶那样跳跃式地移动。声调的高低通常用五度标记法：最低为1，最高为5。

普通话有四个声调，分别为阴平、阳平、上声、去声。声调具有区别意义的作用，普通话里的"山西"（shānxī）和"陕西"（shǎnxī）具有不同的声调。

（四）变调

变调指汉语的音节在连续发出时，其中有一些音节的调值会受到后面的音调声调的影响，从而发生改变的现象。

1. 上声变调

上声在阴平、阳平、上声、去声前都会产生变调，只有在单念或处在词语、句子的末尾时，才有可能读原调。

① 上声在阴平、阳平、去声、轻声前，即在非上声前，丢掉后半段"14"上升的尾巴，调值由214变为半上声211，例如"百般、祖国、广大"。

② 两个上声相连，前一个上声的调值变为35，例如"手指、广场、粉笔"。

③ 三个上声音节相连，如果后面没有其他音节，也不带什么语气，末尾音节一般不变调，例如"手写体、展览馆、洗脸水"。

2. "一"和"不"的变调

①"一"之后全是去声字，则"一"全部由本调阴平（一声）变为阳平（二声）调，例如"一律、一处、一派"。

②"一"之后全是阴平字，则"一"全部由本调阴平（一声）变为去声（四声）调，例如"一番、一端、一庄"。

③"一"之后全是阳平字，则"一"全部由本调阴平（一声）变为去声（四声）调，例如"一元、一群、一团"。

④"一"之后全是上声字，则"一"全部由本调阴平（一声）变为去声（四声）调，例如"一走了之、一两肉、一篓菜"。

⑤"不"字只有一种变调，当"不"在去声音节前调值变阳平，例如"不必、不变、不定"。

⑥"一"和"不"还有变调为轻声的情况，其规律是：相同动词有重叠，"一"和"不"居中，则"一"和"不"变轻声，例如"想一想、搞一搞、笑一笑、肯不肯、说不说、在不在"。

（五）轻声

轻声是汉语中具有的一种特殊的变调现象，在全国的方言和普通话中均有出现。轻声一般不被当作声调看待，因为它没有固定的调值。

普通话里只存在阴平、阳平、上声和去声四个声调。在语音序列中，有许多音节常常失去原有的声调,而被读成一个又轻又短的调子,它不是四声之外的第五种声调,而是四声的一种特殊音变,在物理上表现为音长变短、音强变弱。

普通话轻声音节的调值有以下两种形式。

① 当前面一个音节的声调是阴平、阳平、去声的时候,后面一个轻声音节的调形是短促的降低调,调值为 31,例如"桌子、房子、扇子"。

② 当前面一个音节的声调是上声的时候,后面一个轻声音节的调形是短促的半高平调,调值为 44,例如"喇叭、耳朵、姐姐"。

(六)儿化

儿化是部分汉语方言的一种构词方式。在词根(一般为名词)后面加上"儿"尾以构成一个新的名词,新名词的含义是对词根名词含义的拓展或者特定化。在不同历史时期以及不同的地区,"儿"的读音千变万化,导致出现的儿化的表征亦有所不同。汉语方言里,北京话以多儿化而闻名。儿化音变的基本性质是使一个音节的主要元音带上卷舌色彩。

儿化韵的音变规则包括以下内容。

① 儿化音变使韵腹、韵尾发生变化,对声母和韵头没有影响。

② 丢掉韵尾-i、-n、-ng。

③ 在主要元音(i、ü 除外)上加卷舌动作。

④ 在主要元音 i、ü 后面加上 er。

⑤ 后鼻尾音韵母儿化时,除丢掉韵尾-ng 外,往往使主要元音鼻化。

例如:哪儿,小孩儿,门槛儿,药方儿,豆芽儿,照片儿,心眼儿,麻花儿,一块儿,茶馆儿,天窗儿,人缘儿,抹黑儿,串门儿,麻绳儿,半截儿,主角儿,跑腿儿,烟嘴儿,打盹儿,玩意儿,脚印儿,毛驴儿。

(七)语气词"啊"的变化

语气词"啊"是在口语表达之中使用频率很高的一个单音节词。语气词"啊"的变化,有两种情况。第一种情况是,语气词"啊"作为叹词用在句前,表达强烈的感情。此时,其基本读音仍念"a",但句子表达感情的不同,"啊"的声调也不同。第二种情况是,语气词"啊"作为语气助词,用在句尾,此时"啊"因受它前面音节收尾音素的影响,会发生不同的音变。

① 前面一个音节收尾的音素是 a、o、e、ê、i、ü(其中不包括 ao、iao)时,"啊"读成"ya",如"什么啊(呀)?""赶车啊(呀)!""他得了第一啊(呀)!""他一个劲地骂啊(呀)!"。

② 前面一个音节收尾的音素是 u、ao、iao 时,"啊"读成"wa",如"穿上这件皮袄啊(哇)!""铺上这条被褥啊(哇)!"。

③ 前面一个音节收尾的音素是 n 时,"啊"读成"na",如"好看啊(哪)!"。

④ 前面一个音节收尾的音素是 ng 时,"啊"读成"nga",如"不行啊!"。

⑤ 前面一个音节收尾的音素是-i［后］、r、er（包括儿化韵）时，"啊"读成"ra"，如"什么事啊？"。

⑥ 前面一个音节首位的因素是-i［前］时，"啊"读成"za"，如"你去过北京几次啊？"。

（八）词的轻重格式

在有声语言中，由于词义、词性的不同或感情表达的需要，一个词的几个音节便有了轻重差异，这就是词的轻重格式。

词的轻与重是相对的，读起来自然流畅。轻重的差异可分为重、中、轻三种。

1. 单音节词

单音节词没有轻重问题，我们需要严格按照字调去读音。

2. 双音节词

双音节词的轻重格式可分为中重、重中、重轻三种。

（1）中重格式。

例如"人民、集团、强化、言行、达到、缥缈、宝贵"等。

（2）重中格式。

例如"任务、战士、消息、命运、视觉、听觉"等。

（3）重轻格式。

例如"面子、相声、意思、唠叨、价钱、便宜、玫瑰"等。

3. 三音节词

三音节词的轻重格式可分为中中重、中重轻、中轻重、重轻轻四种。

（1）中中重格式。

例如"展览馆、唯心论、建军节、起重机、太行山"等。

（2）中重轻格式。

例如"打拍子、编辫子、拉关系、好意思、小姑娘"等。

（3）中轻重格式。

例如"想不起、放不下、数得着、犯不着、对不起"等。

（4）重轻轻格式。

例如"收起来、放下去、拿回去、丢出去、倒过来"等。

4. 四音节词

四音节词的轻重格式大部分与词的结构关系有关，可分为中重中重、中轻中重、重中中重三种。

（1）中重中重格式。

有许多中重中重格式的词属于联合关系，还包括一部分四音节成语。

例如"改革开放、防微杜渐、翻江倒海、五光十色"等。

（2）中轻中重格式。

大部分四音节专用名词、叠音形容词和象声词要读中轻中重格式。其中，四音节专用名词的第二个音节比第一个音节轻，但要注意不能失去原调。

例如"集体主义、社会主义、清清楚楚、漂漂亮亮"等。

（3）重中中重格式。

大部分具有修饰与被修饰、陈述与被陈述、支配与被支配关系的四音节成语要读重中中重格式。

例如"妙不可言、相形见绌、信口雌黄、诸如此类"等。

二、乡村旅游讲解员的发声

德国哲学家莱布尼茨说："凡物莫不相异，天地间没有两个彼此完全相同的东西……世界上没有两片相同的树叶。"声音也是如此的，每个人的声音都不尽相同，各有特色。有的人声音浑厚，有的人声音柔和，有的人声音沙哑，这与每个人的生理结构特征有关，也与每个人的发声习惯有关，甚至与性格也有一定的关系。

我们都知道，物体振动时产生声音。人说话的声音，是由声带振动产生的，通过胸腔、喉腔、口腔、头腔共鸣，放大声响。声带就像是人体中的一件乐器，可以发出富于变化的音色，有高低、强弱、明暗之分。乐器可以演奏各种情绪的音乐，声带也可以对声音加以控制，表达丰富的情绪和情感。

如何发出令人满意的声音呢？我们将从发声器官、呼吸控制、声音共鸣、声音位置四个方面展开论述。

（一）发声器官

人体发声，首先是大脑神经发出指令，多器官进行协调配合，是极为复杂的过程。肉眼无法直观看到发声过程。要理解发声过程，就必须充分了解发声器官的构造和工作原理，还要有充分的空间想象力。

1. 呼吸器官

人体的呼吸器官有口、鼻、喉、气管、肺、横膈膜等。

人吸气时，关闭口腔，用鼻腔长吸一口气，能感受到气流源源不断地流进肺部，胸腔会有明显扩张，腰部横膈膜会下沉。

人呼气时，关闭口腔，用鼻腔呼出一口气，能感受到气流向外流出，胸腔会有明显收缩。

2. 发声器官

人体的发声器官是声带。声带位于喉头（喉结）处，被喉头包裹着，是两片薄薄的韧带。把手放在喉头处，连续发韵母 i 音，我们就会感觉到明显的振动感。

3. 共鸣器官

人体共鸣器官主要有胸腔、口腔和头腔三大共鸣腔体。胸腔包括喉头以下的气管、支气管和整个肺部。口腔包括喉、咽腔及口腔。头腔包括鼻腔、上颌窦、额窦、蝶窦等。

人体的发声系统就像一个管道状的音箱，声带发出声音后，在管道内产生共鸣，放大音量。口腔关闭，低声发出声母 m 的哼鸣声，能感受到胸腔的振动，这就是共鸣的状态。

4. 咬字器官

人体咬字器官有嘴唇、舌头、牙齿、喉咙等。

咬字器官互相呈阻，构成发声腔体，发出不同的语音。咬字器官也可以理解为构字器官，声带震动不变，通过构字腔体的变化，产生汉语字音。因此，普通话的标准程度，是由构字器官的位置规范程度决定的。如果声带是汽车的动力系统，那么咬字器官就是汽车操控系统。

（二）呼吸控制

发声离不开呼吸。人体发声，是依靠呼出的气流冲击声门（声带），震动产生声音。如果声带是汽车的发动机，那么呼吸就是燃油。呼吸源源不断地为发声提供能量，因此，呼吸的重要性不言而喻。

呼和吸是两个动作。

吸气，要吸得深。所谓深，就是空气从口腔和鼻腔，经喉腔和胸腔，使横膈膜（左右腰部，紧贴下肋骨）下沉扩张，小腹部（膀胱）有轻微扩张。

呼气，要立得稳。所谓稳，就是吸气到位后，继续保持吸气的状态，气沉丹田，下腹部（膀胱）向外扩张，形成压力，支撑气息呼出。

良好的呼吸控制，在进行语言表达时，能让人如沐春风；而生硬的呼吸控制，在进行语言表达时，会让人心生困乏。自然呼吸人人都会，但有控制的呼吸，必须进行专业训练才能做到。

1. 声门训练

声门，就是声音的开关或阀门。声带，就是声门。声带完全紧闭，代表声音的大门关闭，声带无法振动发声，气流也无法从声带穿过。声带放松，允许气流穿过，声带便会振动发声。如何找到声门？声带紧闭是怎样的感受？声带打开是怎么样的感受？通过以下训练，可以进行体会。

气声，声门完全敞开，声带不振动。吸气后，发出连续的哈气声"ha——"（就像冬天手冷，把手放到嘴边哈气取暖），像说悄悄话一样。这个练习可以使我们感受到声门完全打开，声带不振动、不发声的状态。

实声，声门完全关闭，发出"e——"，谨慎地打开声门，就像冒个气泡，感受声带关闭、气流阻断的状态。然后，发出长音"e——"这个连续的气泡音，用一口气把气流用完，感受气流经过声带的状态。

通过以上训练，我们能体会声带与气息的关系，还能体会声带与气息的配合，最终实现声带自然发声，自如控制气息。

2. 丹田训练

呼吸控制不得当，将会出现气息不够用以及声音生硬的情况。乡村旅游讲解员在实际工作中，也可以自我进行诊断。如果说话声音较弱，可能是因为声门闭合不严、气声过多造成的；如果说话上气不接下气，气不够用，可能是因为声门漏气太多，气流白白浪费了；如果说话声音比较生硬，说话嗓子累，可能是声门太紧，声带紧张。

如何解决以上问题呢？乡村旅游讲解员要学会科学地运用气息。我们经常会听到这样的评价，"这个人说话很有底气，声音很好听"。这句话有两层含义：一个是心理层面的，说明说话的人很自信；另一个是生理层面的，说明说话的人气沉丹田，声音很稳。气息稳，才能声音稳，我们可以通过以下两个练习增强声音的稳定性。

① 场景练习一：大声呵斥，弹跳发音"hei——hei——hei——"，把手放在小腹部，能感受到小腹部有弹跳，而且小腹部微扩张，肌肉变硬，有支撑力。这便是气沉丹田。

② 场景练习二：长叹一口气，发出延续的长音"hai——"，感受气息下沉，稳定支撑，气息拉伸，底气十足。

（三）声音共鸣

声音共鸣其实就是一种共振现象。共振，在声学中亦称共鸣，它指的是物体因共振而发声的现象，比如两个频率相同的音叉靠近，其中一个振动发声时，另一个也会发声。

共鸣器官包括全部发声系统的空腔：胸腔、喉腔、咽腔、口腔、鼻腔和鼻窦。共鸣腔大小不同、形状各异，彼此之间互相连通，融为一体。声音共鸣并没有多么神秘，通俗地理解，就是声带发出声音，共鸣器官产生共振，从而增强和美化声音。家庭音响由发声器（喇叭）和音箱构成，喇叭就像人体的发声器官声带，而音箱其实就是共鸣装置，人体的口腔、喉腔、胸腔等就是音箱。单纯的声带振动发声，音量是很微弱的，共鸣器官的共振能让声音变大，使得声音增色不少。

声音共鸣，并不是简单的追求声音大，而是一种舒展的、悦耳的、圆润的、饱满的、稳定的声音感受。"播音腔"，是观众对专业播音员的一种感受和评价，区别于一般人说话的质感。"播音腔"其实就是字正腔圆，是声音充分共鸣的一种立体体现；而我们大多数人没有经过专业训练，共鸣腔体开合度不够，对共鸣腔体的控制也不充分，导致共鸣腔体利用率低，所以说话声音显得扁平。乡村旅游讲解员在语言表达中，不用刻意去追求播音员的共鸣状态，可以遵循自然原则，根据自己的用声习惯和声音特色，循序渐进地进行调整，并加以规范。

发声过程中，声音较低沉时，胸腔共鸣运用得最多；声音在中音区时，喉腔共鸣最多；声音在高音区时，头腔共鸣最多。乡村旅游讲解员在实际工作中，大多数时候都在户外，而且要面对多人讲解，以运用中音区和中偏高音区为主，因此口腔、喉腔、头腔共鸣的掌握最为关键。

1. 口腔共鸣

影响口腔共鸣效果的因素，主要是口腔开合度。发声时，口腔开合空间大，共鸣效果就好；口腔开合空间小，共鸣效果就要差很多。嘴唇、牙齿、舌头是构字器官，不会与共鸣产生直接关系。影响口腔开合度的器官是牙关节，我们通过打哈欠可以体会到牙关节打开的样子，这就是口腔完全打开的状态。

乡村旅游讲解员如何提升口腔开合度，充分利用口腔共鸣呢？我们可以做一个对比练习。早上刚起床，懒洋洋地说话，口腔开合度小，声音是扁平的，口腔共鸣小。遇到开心的事情，哈哈大笑，口腔开合度大，声音立体，口腔共鸣大。

南方人说话，口腔开合度普遍较小，而北方人口腔开合度普遍要大一些。乡村旅游讲解员进行语言表达时，在保证普通话标准的情况下，要尽可能地使口腔开合度最大化。

可以这样训练：打开牙关节，分别念"a、o、e、i、u、ü"。训练时，可以在门牙处咬一支笔。此时，口腔一直处于打开状态，口腔共鸣效果也是最佳的。形成肌肉记忆后，拿掉笔，也能保持良好的口腔共鸣。

2. 喉腔共鸣

喉腔共鸣发挥着承上启下的作用，承上连接鼻腔、头腔，承下连接胸腔。喉腔（咽腔）的结构、大小是不能调节的，不能像牙关节一样自由活动。但是，口腔与喉腔交界处有一个器官可以上下活动，那就是小舌。与小舌连接的部位叫软腭。软腭可以向上收缩，也可以提起来，扩大喉腔的共鸣空间。

关闭口腔，只用鼻腔呼吸，软腭下垂，发出哼鸣声，"en——"，能体会到鼻腔的共鸣。打开口腔，体会提软腭状态。可以对着镜子，假装受到惊吓，倒吸一口气，发出气声"a——"，就可以清楚地看到小舌软腭向上提了。

小舌提起后，一直保持这种状态进行语言表达，此时我们会发现，声音洪亮了很多，这就是喉腔共鸣。

3. 头腔共鸣

头腔共鸣，一般在高声区才会用到。声乐中的高音演唱，以及话剧、诗歌朗诵中情绪激昂时都会用到头腔共鸣。乡村旅游讲解员在工作中基本不会涉及头腔共鸣。

（四）声音位置

乡村旅游讲解员在"说"的过程中，需要充满热情，精神饱满，处于一种积极的状态。语音发声的位置应该靠前，也就是声挂前腭，声音稳定在鼻、眉心处，声音往外走。

如果说话声音位置靠后，接近咽腔，语音面貌会显得懈怠，比较浑浊。还容易出现挤压喉咙等情况，造成嗓子疼痛、声音沙哑。

每个人说话的习惯是不同的，声音位置也是千差万别的。声音位置如何做到靠前呢？单韵母中，"ü"的发音位置最靠前，并且最接近声挂前腭的状态。我们可以把手放到鼻梁处，发"ü"时会有明显的震动感，声音非常集中。然后，我们用发"ü"的感觉，练习"ü——a——，ü——o——，ü——e——，ü——i——，ü——u——"。需要注意的是，由 ü 到 a 的过程是连续的，不能中断。

另外，我们还可以通过心理暗示来规范声音位置。乡村旅游讲解员在讲解的时候，一定要有交流感，也就是对象感，要把内容积极地输送给游客。

第二节 乡村旅游讲解员的即兴表达技巧

一、乡村旅游讲解员即兴表达的界定

即兴表达对应的是书面表达。书面表达比较严谨，我们在进行书面表达时可以深入思考，反复修改，可以做到字斟句酌；即兴表达比较灵活，随机性强。

乡村旅游讲解员语言表达的基本要求是："有稿讲解，锦上添花；无稿讲解，出口成章。"乡村旅游讲解员的即兴表达，有广义和狭义之分。广义的即兴表达，要求乡村旅游讲解员充分了解乡村文化，有充足的知识储备，甚至说学逗唱样样都行，随时随地都可以进行即兴表达。狭义的即兴表达，要求乡村旅游讲解员面对突发状况，能够快速做出反应，随机应变，化解危机和矛盾，营造良好的氛围。

二、乡村旅游讲解员即兴表达中的背与说

背，就是乡村旅游讲解员提前背诵讲解词，表达时更接近书面语；说，就是乡村旅游讲解员根据游客的需求，用谈话、聊天的方式来开展讲解工作，更接近口语表达。

在乡村旅游讲解员的即兴表达中，背和说，哪个更重要呢？其实，二者都很重要，它们互为补充，相互促进。背，能够为讲解员提供充足的素材和精准的内容，避免出现词穷或无话可说的情况。说，可以避免生硬的讲解，讲解员语气亲和，能拉近自己与游客的距离，与游客建立良好的关系，提升游客的体验感。

三、乡村旅游讲解员即兴表达的创作过程

我们通常从时间维度和空间维度来分析乡村旅游讲解员即兴表达的创作过程。

（一）时间维度

从时间维度来看，乡村旅游讲解员即兴表达的创作过程大致可以分为源起、构思、表达、反馈四个阶段。

源起，就是为什么而说，想达到什么目的。比如，有游客提问或没有听懂讲解的内容，需要回答或解释；有突发状况需要处理等。

构思，即语言组织，包括如何说，说什么，怎样表达清楚。讲解员需要在大脑中快速构思，确立即兴表达的话语策略，拟定表达内容的主题、结构、论点、论据等要素。构思就像修建房子前要先画设计图一样，只不过构思阶段形成的内容无法成为文字，而是打腹稿，在头脑中酝酿。

表达，就是把构思的内容通过有声语言传递出去。表达的流畅程度，取决于构思的严密程度和记忆力的强弱。表达时，要做到心中有数，不能乱说。表达时，还需要言简意赅，用最少的语言传达最完整的信息。此外，还要边想边说，边思考边表达。

反馈，就是在进行语言表达后观察游客的反馈，包括游客有没有听懂、是否满意，讲解工作有没有达到预期效果。讲解员还要对游客的反馈进行回应，加强与游客的互动。

（二）空间维度

从空间维度来看，乡村旅游讲解员在即兴表达的创作过程中，要借景抒情、视听结合、多维立体。

1. 借景抒情

借景抒情，指的是讲解员要围绕景点的特色进行创作和解析，不仅要表其"形"，还要抒其"神"，用丰富的表达，使景点活起来、灵动起来。

例如，有讲解员这样介绍恩施大峡谷景区：

"大家请看，眼前这条瀑布叫彩虹瀑布。在云龙地缝的众多瀑布中，彩虹瀑布是第一个接受阳光照射、彩虹最多的瀑布，瀑水撞击岩石，水花四溅，犹如喷雾行云，阳光透过水雾，呈现出一道绚丽的彩虹。此瀑布四季不枯，无论春夏秋冬，只要有太阳，都会有彩虹奇观，故名彩虹瀑布。当阳光射入地缝中，也会在瀑布的水雾中折射出美丽的彩虹。彩虹寓意着吉祥幸福，彩虹伴着飘忽不定的水雾在地缝中升腾，寓意着给大家带来越来越多的吉祥。"

2. 视听结合

视听结合，指的是讲解员在即兴表达中不仅要说好解说词，还要充分利用肢体语言、表情、道具等，带领游客观察景观的细节，触摸事物的形状等，使游客身临其境，使景观可听、可看、可感。

例如，在介绍恩施大峡谷景区时，有讲解员这样进行解说：

"看完千层岩，大家再看看咱们的右手边，整块岩石的岩层是斜着的，从侧面看，两头隆起，中间稍凹，形似一块块码放得整整齐齐的元宝，这块岩石因而得名金元宝。大家可以在这里摸一摸元宝，把财气带回家！咱们看到的这些岩石，都是当初地壳运动时从山顶上滚落下来的，因此岩层有的竖着，有的横着，有的斜着。"

3. 多维立体

多维立体，指的是讲解员在即兴表达时，要多角度、多要素、多线索地立体介绍景点。讲解员要利用发散性思维，减少平铺直叙，尽量做到生动有趣。

再以恩施大峡谷景区的解说词为例：

相思鸟为喀斯特象形石，由三叠纪灰岩受风化后经冲刷、溶蚀作用而形成，似人工雕塑的抽象石雕，其造型如一只相思鸟落在石顶上，欢迎游客的到来。相思鸟，顾名思义，对爱情非常忠贞。传说，雄鸟与雌鸟婚配之后，便会终生相伴，形影不离。因此人们也称相思鸟为爱鸟，将它们视为爱情的象征。夫妻、情侣们也可以在这里与相思鸟合影，让相思鸟见证你们忠贞的爱情。我在这里祝各位夫妻、情侣一辈子都把彼此当成手心里的宝。

四、乡村旅游讲解员即兴表达的话语样式

乡村旅游讲解员即兴表达的方式非常灵活。讲解员面对不同年龄，拥有不同兴趣、职业、爱好的群体，要随时调整讲解内容和语言方式，还要察言观色，洞察游客的反应，判断游客是否听得懂、有没有兴趣，并根据情况调整表达方式。乡村旅游讲解员可以通过叙述式、问答式、呼吁式、悬念式、推理式话语样式进行即兴表达。

1. 叙述式

叙述式比较容易理解，就是完整清晰地把内容说完整、讲清楚。叙述式的即兴表达需要流畅，重点突出，条理清晰。

2. 问答式

问答式的即兴表达，要求讲解员增强互动性，以提问的方式与游客进行交流。游客到乡村旅游景区体验，大多是第一次来，探寻未知与不解，会充满好奇和疑问，这也是旅游的魅力所在。乡村旅游讲解员要改变传统的"我说你听"的说教式刻板印象，积极尝试"我问你答"或"你问我答"的交流方式。问答式的及时表达方式

就像朋友之间聊家常，能使游客放松下来，尽情地体验、游玩。在提问中，游客也能积极思考，深入了解乡村文化，感悟自然。

此处以恩施大峡谷景区的解说词为例：

  大家请看，瀑布下面的这些岩石，颜色各异，非常漂亮，像极了女娲娘娘补天的五彩石，咱们当地的老百姓给这些漂亮的石头取了一个很好听的名字——"硒石宝"。为什么叫它"硒石宝"呢？这是因为富含三价铁离子的水源长期冲刷富含丰富硒元素的石头，石头就变成了五彩颜色。

在以上解说词中，讲解员把石头与上古创说相结合；再通过提问，带出"硒宝石"这一名称，增加了讲解的神秘感和吸引力；还通过"硒宝石"这种石头引出了"硒"文化。恩施被誉为"世界硒都"，有世界上最大的独立硒矿床，富硒农产品和生物医药已经成为恩施的支柱产业之一，"硒"文化是恩施的一张靓丽的名片。

3. 呼吁式

呼吁，指提出具体愿望或主张，并号召人们做出行动。讲解员使用呼吁式的即兴表达方式，就是在讲解时制定一个目标，呼吁游客团结一心，齐心协力完成任务。有了明确的目标和方向，讲解员的即兴表达就有话可说了。游客带着目标游玩，整个体验过程就像一次游戏闯关，游客参与的积极性自然也会大大提升。

4. 悬念式

悬念是人们欣赏戏剧、电影或者其他文艺作品时的一种心理活动，即关切故事发展和人物命运的紧张心情。作家和导演为体现作品中的矛盾冲突，在处理情节结构时，常用各种手法引起观众或读者的好奇心，以加强作品的艺术感染力。悬念包括设悬和释悬两个方面。前有设悬，后必有释悬。通俗地说，就是创作者在故事发展中只亮出谜面，藏起谜底，在适当的时候再点破，使读者的期待心理得到满足。

乡村旅游讲解员运用悬念式的即兴表达方式，就要善于根据景的特点，设定悬念式的话语样式，凸显景点特色，激发游客兴趣，引发游客联想，加深游客对景点的印象。

再以恩施大峡谷景区的解说词为例：

  那这些钟乳石又是怎样形成的呢？其实，钟乳石是碳酸钙的沉淀物，其形成往往需要上万年或几十万年时间。地缝里植被茂密，常年有地下水从植物根部渗出，并沿主水流道流出。崖壁上主要是石灰岩，经过水的长期冲刷，形成碳酸钙沉淀，在地缝崖壁上形成钟乳石。据说，这种钟乳石100年才能长1厘米哦！如果您不信的话，咱们今天来做个约定好吗？咱们今天先量一量，等到100年以后您再来这里一探究竟，到时我还做您的导游。

在以上解说词中，讲解员介绍钟乳石是如何形成的，然后进行分析解释，并和游客做出了约定。讲解员巧妙地设置悬念，能引发游客无限的遐想。

5. 推理式

推理在逻辑学中指思维的基本形式之一，是由一个或几个已知的判断（前提）推出新判断（结论）的过程，有直接推理、间接推理之分。乡村旅游讲解员的即兴表达看似有很强的随机性，其实不然，讲解员在解说时，要充分利用推理，设计即兴表达的话语样式。

再以恩施大峡谷景区的解说词为例：

> 大家都见过吊脚楼，那大家有没有注意吊脚楼的柱子是怎么样的？是方的还是圆的？其实，吊脚楼的柱子在建造时会建成方的，为什么呢？因为吊脚楼是依山势而建，山里蛇很多，蛇很容易缠绕在圆柱子上，方柱子就可以防蛇。所以，以前修建吊脚楼时，人们都会把柱子修成方的，如果修的是圆柱子，必须在圆柱子下面加一个方形石墩，既防潮又防蛇，还可以稳固根基。

以上解说词，其实就是进行推理，解释吊脚楼的柱子为什么是圆的。在推理的过程中，也描绘了土家族人的居住环境、生活习惯和古老的智慧。

五、乡村旅游讲解员即兴表达的训练方法

乡村旅游讲解员即兴表达的训练方法有很多。不管选用什么训练方法，都要找准关键，即摸索出适合自己的一套训练体系，循序渐进地提高自己的即兴表达能力。乡村旅游讲解员可以在专注力、记忆力、思维、复述、描述、评述、知识储备等方面进行训练。

（一）专注力训练

专注力，指的是人进行一项活动的心理状态。这个活动可以是静态的，也可以是动态的；可以是人感兴趣的，也可以是枯燥的；可以是对人的，也可以是对物的。乡村旅游讲解员在带团游玩时，如果漫不经心，注意力分散，讲解效果会大打折扣，游客的体验感自然也不好。

进行专注力的训练，就是要求讲解员在工作中对自己高标准、严要求，一丝不苟，全力以赴地完成每一次讲解工作。此外，讲解员还要积极总结心得体会，扬长避短，不断优化讲解工作。

专注力的训练还体现在态度上，如果讲解员态度积极，对讲解工作非常感兴趣，那么自然容易集中注意力。如果讲解员态度敷衍，无法调动起即兴表达的创作欲望，自然也不会文思泉涌。

（二）记忆力训练

记忆力，是识记、保持、再认识和重现客观事物所反映的内容和经验的能力。

记忆代表着一个人对过去活动、感受、经验的印象累积，有不同的分类。记忆形成的过程可以分解为三种：① 译码，获得信息并加以处理和组合；② 储存，将组合整理过的信息做永久纪录；③ 检索，将被储存的信息取出，回应一些暗示和事件。

乡村旅游讲解员要把有用的信息和内容进行归纳整理，在理解的基础上，形成逻辑关系，并进行记忆。在进行即兴表达时，乡村旅游讲解员要将有用的信息迅速提取出来，然后进行传播。此外，乡村旅游讲解员还要练就过目不忘的能力，在讲解的过程中能够洞察细节，形成记忆。

（三）思维训练

思维，是人用头脑进行逻辑推导的属性、能力和过程。思维最初是人脑借助语言对事物进行的概括和间接的反应过程。思维以感知为基础，但又超越了感知的界限。我们理解的思维概念涉及所有的认知或智力活动。它探索并发现事物内部的本质联系和规律性，是认识过程的高级阶段。

语言是思维的外化，也是人表达思想和观点的工具。有的人思维活跃，富有想象力，语言活泼，风趣幽默；有的人思维沉稳，深思熟虑，语言表达严密，娓娓道来。

在思维训练中，乡村旅游讲解员需要在阐释观点、传达信息时，提前打好腹稿。这里说的打好腹稿，就是组织好语言，知道先说什么，后说什么，重点是什么，层次是什么，要做到心中有数。即兴表达时，打腹稿的时间一般很短，应该进行粗线条、框架式的构思，先结构，后细节，不要纠结于每一句话的具体表达，抓住重点，在陈述时还可以边说边思考。

（四）复述训练

复述，指个体通过言语重复以前识记过的材料，以巩固记忆的过程。它是短时记忆信息存储的有效方法，可以防止短时记忆中的信息因受到无关刺激的干扰而被遗忘。经过复述，学习材料才得以保持在短时记忆中，并向长时记忆中转移。

背诵和复述是有差别的。背诵更加强调精准，一字不落；复述更接近口语，需要记住关键词，不同的语言修辞可以表达同样的意思。

乡村旅游讲解员进行复述练习，可以增强语言的组织能力和记忆力。在进行复述练习时，乡村旅游讲解员可以先认真看一则新闻，记住结构和重点，然后进行复述练习。此外，乡村旅游讲解员也可以与别人分享工作中的经历，复述事情的经过。复述训练不追求一字不落，但语言要精练，层次要清晰，信息要准确，表达要干净利落，不拖泥带水。

（五）描述训练

描述指的是运用各种修辞手法对事物进行形象化的阐述。描述使用的修辞手法有比喻、拟人、夸张、双关、排比等，可以描述人，也可以描述物，描述可以让人或物的形象更生动具体。

描述训练的重点在于修辞。描述要精妙，它不是简单的复述。在描述训练中，乡村旅游讲解员要勤于思考，锻炼逻辑思维能力，丰富知识积累。

对于同一事物，乡村旅游讲解员可以用比喻、拟人、夸张、双关、排比等手法分别进行描述练习。

1. 比喻

比喻是一种常用的修辞手法，用跟甲事物有相似之处的乙事物来描写或说明甲事物，是修辞学的辞格之一。著名文学理论家乔纳森·卡勒为比喻下的定义为：比喻是认知的一种基本方式，人们通过把一种事物看成另一种事物来认识它；也就是说，找到甲事物和乙事物的共同点，发现甲事物暗含在乙事物上的不为人所熟知的特征，获得对甲事物的不同于往常的新认识。

下面的解说词就运用了比喻：

> 朋友们，有"山"字，您站在旁边是个什么字呢？对，是"仙"字，大家可以站在这里拍一张寓意为"仙"的照片，还可以把手伸到玉女峰的头顶，拍一张山高人为峰、人比山更高的照片。

2. 拟人

拟人修辞手法，就是把事物人格化，将本来不具备人的动作和感情的事物变成和人一样具有动作和感情的样子。

下面的解说词就运用了拟人：

> 各位嘉宾，咱们走到这里，就征服了恩施大峡谷所有的山。请大家回头看整个山峰形似拇指的形状，大山仿佛在给我们点赞，恭喜咱们征服了大峡谷的三座大山，咱们是不是很棒呢？那咱们也给自己点个赞吧！

3. 夸张

夸张，也叫夸饰或铺张，是运用丰富的想象力，在客观现实的基础上，有目的地放大或缩小事物的形象特征，以增强表达效果的修辞手法。

下面的解说词就运用了夸张：

> 据说，这种钟乳石100年才能长1厘米哦！如果您不信的话，咱们今天来做个约定好吗？咱们今天先量一量，等到100年以后您再来这里一探究竟，到时我还做您的导游。

4. 双关

在一定的语言环境中，利用词的多义或同音的条件，有意使语句具有两种意思，言在此而意在彼,这种修辞手法叫作双关。

下面的解说词就运用了双关:

> 山壁上方有一块突出的石块,恰似羊首,"羊"谐音"祥",意为吉祥如意。由于此处位置较高,雾气弥漫,难以经常见到,所以据说见到此羊首便会带来好运。

5. 排比

排比是一种把结构相同或相似、意思密切相关、语气一致的词语或句子成串地排列的一种修辞方法,如"长征是历史纪录上的第一次,长征是宣言书,长征是宣传队,长征是播种机"。

下面的解说词就运用了排比:

> 现在请大家回头看看象征世界和平的和平鸽。您看看它的头,金银财宝会往家流;您看看它的背,花好月圆成双对;您看看它的尾,来到峡谷您一定不会后悔。

(六)评述训练

评述,指评论和叙述,通常用于新闻。乡村旅游讲解员在即兴表达时,不仅要叙述事实,还要对事物的本质加以评述。

莎士比亚说,在一千个观众眼中,有一千个哈姆雷特。所谓"仁者见仁,智者见智",指的就是对于同一个问题,不同的人从不同的立场或角度去看,会有不同的看法。乡村旅游讲解员在进行创作讲解时,要用自己独特的眼光去看待景点,要让自己的讲解区别于其他讲解员的表达,这样才能避免千篇一律,打造出属于自己的独特标签。

评述训练可以从评述热点新闻事件开始。第一步,简要陈述事件的经过;第二步,进行合理的分析,找到事件的争议点;第三步,表达自己的观点和看法;第四步,列举相关事件或案例,进行对比;第五步,总结自己的观点。总体要求是事实准确、条理清晰、鲜活生动、见解独到。

评述的方法有夹叙夹议、述评结合、演绎论证、归纳论证、比喻论证、类比论证、因果论证、反驳论证等。

(七)知识储备训练

乡村旅游讲解员属于文化旅游从业人员,有时候还是科普讲解员,丰富的知识储备必不可少。讲解员是文化知识的输出者,准确、专业、科学、严谨、敬业、奉献是基本要求。乡村旅游讲解员要上知天文、下知地理,成为一个"百事通",把当下流行的热点话题与讲解内容相结合,增强讲解内容的时代感和吸引力。同时,讲解员要广泛涉猎与乡村旅游相关的知识。

乡村旅游讲解员还要培养自己的兴趣爱好。兴趣是最好的老师，当乡村旅游讲解员遇到自己擅长的话题时，可以尝试进行即兴表达。游客的身份、职业、性格、兴趣、爱好各不相同，讲解员也要学会"投其所好"。这里说的"投其所好"并不是阿谀奉承，而是把景点的特色与游客熟悉的领域进行嫁接，用游客听得懂的、喜闻乐见的方式来进行讲解。

第三节　乡村旅游讲解员的美学修辞技巧

一、美学修辞的概述

要理解乡村旅游讲解员的美学修辞，首先需要理解的概念是美学、语言学、修辞学。此外，还要理解这几个概念之间的联系。

美学是研究人与世界审美关系的一门学科，即美学研究的对象是审美活动。审美活动是一种以意象世界为对象的人生体验活动，是人类的一种精神文化活动。美学属哲学二级学科，学习美学需要扎实的哲学功底作为基础。其实，美学既是一个思辨的学科，又是一个感性的学科。美学与心理学、语言学、人类学、神话学等有着紧密的联系。

语言学是以人类语言为研究对象的学科，语言学的探索范围包括语言的性质、功能、结构、运用和历史发展，以及其他与语言有关的问题。

钱冠连在《美学语言学》一书中指出，语言是人类社会最重要的社会现象，我们从多个角度去观察语言，就会得到有关语言的多种认识；从交际功能角度看，语言是交际工具；从思维功能角度看，语言是一种特殊的心理行为；从信息功能角度看，语言是诉诸听觉的符号系统。

语言的三要素是语音、词汇和语法。语音是语言的物质外壳，是词汇和语法的存在和表现形式；词汇是语言的等价物的汇总，是语言的"建筑材料"；语法是词的构成和变化规则与组词成句规则的总和，是语言的"间架"。

修辞学是研究修辞的学问，修辞是加强言辞或文句效果的艺术手法。修辞学主要研究的是辞格（即我们通常所说的修辞手法）、言语修辞活动（主要与语境、语体有关）、言语风格等。修辞的本义就是修饰言论，就是在使用语言的过程中，利用多种语言手段，以收到尽可能好的表达效果的一种语言活动。修饰自己的语言，能吸引别人的注意力，增强语言的表达效果，形成自己的言语风格，最终展现个人魅力。

钱冠连在《美学语言学》一书中指出，美学语言学是研究语言的审美属性、研究日常言语活动和言语行为的学科。它是美学与语言学的交叉学科。

乡村旅游讲解员运用美学修辞技巧，指的是乡村旅游讲解员在讲解工作中，在运用逻辑思维的同时，根据情境，运用想象和联想，使语言文字清新活泼、意蕴优美，发挥更强大的感染力和说服力，取得艺术性的表达效果。

二、美学修辞的手法

修辞手法是通过修饰、调整语句，运用特定的表达形式，以提高语言表达作用的方式。修辞手法可分为63大类，79小类。下面列举几种常用的修辞手法。

1. 比喻

比喻是一种常用的修辞手法，用跟甲事物有相似之处的乙事物来描写或说明甲事物，是修辞学的辞格之一。比喻可分为明喻、暗喻、借喻、博喻。使用比喻，说理浅显易懂，使人容易接受。比喻能把一些不容易想象和理解的事物具体地说出来，借其他类似事物加以说明，令人更加清楚明白。比喻状物，能使事物形象化，给人留下深刻的印象，起到修饰文章的作用，如"恩重如山、冷若冰霜、虚怀若谷、门庭若市、车水马龙、有口皆碑、望穿秋水、破镜重圆"等。

2. 夸张

为了达到某种表达效果，对事物的形象、特征、作用、程度等方面着意扩大或缩小的方法叫夸张。夸张的种类有扩大夸张、缩小夸张、超前夸张。夸张手法的运用能鲜明地表达作者对事物的情感和态度，突出事物的本质特征，烘托气氛，增强语言的生动性和感染力，如"日理万机、三头六臂、怒发冲冠、一日千里、一毛不拔"等。

3. 排比

把三个或以上结构和长度类似、语气一致、意义相关或相同的句子排列起来，这种修辞手法叫作排比。排比可以加强语势，使文章的节奏感和条理性更突出，更利于表达强烈的感情，如"他们的品质是那样的纯洁和高尚，他们的意志是那样的坚韧和刚强，他们的气质是那样的淳朴和谦逊，他们的胸怀是那样的美丽和宽广"。

4. 对偶

对偶是用字数相等、结构相同、意义对称的一对短语或句子来表达两个意思相对、相近或相同的修辞方式，如"才饮长沙水，又食武昌鱼"。对偶的作用是整齐匀称，节奏感强，高度概括，易于记忆，有音乐美感。对偶的主要方式有正对、反对、串对。

5. 设问

为了引起别人的注意，故意先提出问题，然后自己回答，这种修辞手法叫作设问。设问的作用是引起注意，启发读者思考，能使表达层次分明，结构紧凑，如"花儿为什么这样红？首先有它的物质基础"。

6. 反问

反问又称激问、反诘、诘问。用疑问形式表达确定的意思，用肯定形式反问表否定，用否定形式反问表肯定，只问不答，答案暗含在反问句中。反问的作用是加强语气，引人深思，激发读者的感情，加深读者的印象，增强表达的气势和说服力，如"不入虎穴，焉得虎子""皮之不存，毛将焉附""塞翁失马，焉知非福""人非圣贤，孰能无过"。

7. 借代

不直接说出所要表达的人或事物，而是借用与它们有密切关系的人或事物来代替，这种修辞手法叫作借代。借代可分为不同的种类，包括特征代事物、具体代抽象、部分代全体、整体代部分等。借代的作用是突出事物的本质特征，增强语言的形象性，使文笔简洁精炼，使语言富于变化和幽默感；借代能引人联想，使表达形象突出、特点鲜明、具体生动，如"两岸青山相对出，孤帆一片日边来""等到惊蛰一犁土的春播时节，十家已有八户亮了囤底，揭不开锅了""你们杀死一个李公朴，会有千百万个李公朴站起来"。

8. 反语

用与本意相反的词语或句子表达本来的意思，以说反话的方式加强表达效果，这种修辞手法叫作反语，如"（清国留学生）也有解散辫子，盘得平的，除下帽来，油光可鉴，宛如小姑娘的发髻一般，还要将脖子扭几扭，实在标致极了"。

9. 通感

通感又叫"移觉"，就是在描述客观事物时，用形象的语言使感觉转移，将人的听觉、视觉、嗅觉、味觉、触觉等不同感觉互相沟通、交错，彼此转换，将本来表示甲感觉的词语移用来表示乙感觉，使意象更为活泼、新奇的一种修辞手法。通感的运用可以收到令人回味无穷的效果，其作用是无可替代的。它能化抽象为形象，让读者更好地理解；它能由此及彼，激发人们丰富的联想；它能不拘一格，使行文更加活泼；它能准确表达，使意义更加深远；它能充实诗文的意境，形成特殊的艺术美。例如，"晨钟云外湿"（杜甫《夔州雨湿不得上岸作》）以"湿"字形容钟声，所闻之钟声，穿雨而来，穿云而去，故"湿"，触觉与听觉相互沟通；"善哉乎鼓琴，巍巍乎若太山，汤汤乎若流水"（《吕氏春秋·本味》），听到琴声，知道弹琴的人志在高山流水，听觉与视觉相互沟通。

10. 双关

利用词的多义及同音（或音近）条件，有意使语句有双重意义，言在此而意在彼，这种修辞手法就是双关，如"风雨同舟、藕断丝连、立地成佛、乐在其中"。双关可使语言表达得含蓄、幽默，而且能加深语意，给人以深刻的印象。

11. 顶真

顶真，亦称顶针、联珠、蝉联，是一种文学修辞方法，是指上句的结尾与下句的开头使用相同的字或词，用以修饰两个句子的声韵的方法。运用顶真修辞手法，不但能使句子结构整齐，语气贯通，而且能突出事物之间环环相扣的有机联系，如"一生二，二生三，三生万物""虽我之死，有子存焉；子又生孙，孙又生子；子又有子，子又有孙；子子孙孙无穷匮也"。

12. 回环

简单地说，回环就是把前后语句组织成循环往复的形式，以表达不同事物间的联系。回环可使语句整齐匀称，能揭示事物之间的辩证关系，使语意精辟凝练，如"响水潭中潭水响；黄金谷里谷金黄"。

13. 移情

为了突出某种强烈的感情，表达者有意识地赋予客观事物一些与自身的感情相一致，但实际上并不存在的特性，这样的修辞手法叫作移情。运用移情修辞手法，首先将主观的感情移到事物上，反过来又用被感染了的事物衬托主观情绪，使物人一体，能够更好地表达人的强烈感情，如"露从今夜白，月是故乡明""红豆不堪看，满眼相思泪"。

14. 拈连

将甲、乙两个事物连在一起叙述时，把本来只适用于甲事物的词语用到乙事物上，这种修辞手法就叫拈连，又叫"顺拈"。运用拈连，可以使上下文联系得紧密自然，使表达更加生动，如"蜜蜂是在酿蜜，又是在酿造生活"。

15. 比拟

比拟，意思就是把一个事物当作另外一个事物来描述、说明。比拟的辞格是将人比作物、将物比作人，或将甲物化为乙物。运用这种辞格能收到特有的修辞效果：或增添特有的情趣，或把事物写得神形毕现、栩栩如生，或抒发爱憎分明的感情。诗歌、小说、散文、寓言、童话等经常使用比拟的辞格。比拟包括把物当作人来写（拟人）、把人当作物来写（拟物）和把此物当作彼物来写（拟物）等几种形式。事实上，前一种形式是把事物"人化"，后两种形式则是把人"物化"或把"甲物乙物化"，如"老支书直截了当地下达了任务：'让你带一队人马把黑龙潭的水牵到山下的坝子里来。'"。

三、美学修辞的形式

乡村旅游讲解员的美学修辞，表现在有声语言和非有声语言中。有声语言就是口语表达，非有声语言就是通过除口语以外的其他方式表达意图。

乡村旅游讲解员的有声语言美学修辞，还应该有外部技巧和内部技巧之分。美学修辞的外部技巧是通过有声语言的强弱、快慢、停连、重音、情绪等技巧进行修辞。其实，悦耳动听的声音、发音标准的普通话、富有亲和力的表达，本身就是一种美。美学修辞的内部技巧是语言思维的一种体现，重在语言逻辑的创造。先说什么、后说什么、重点说什么，这些都需要精心设计，才能体现美学意境。通俗地讲，就是挑好听的、游客喜欢听的、感兴趣的内容来进行讲解。

讲解员在实际工作中，以有声语言表达为主，有时候也会运用非有声语言的方式进行表达。例如，讲解员引导游客在景区聆听瀑布的流水声，就不用长篇大论地描述瀑布多么壮观，只用说一句"你听！"就好了，能营造一种"此时无声胜有声"的意境。

四、美学修辞中的幽默

现代社会生活节奏快，人们普遍面临很大的生活和工作压力，不少人都有归隐乡野、寻找诗与远方的憧憬，这也为乡村旅游的蓬勃发展提供了绝佳的契机。游客来到乡村，是为了享受轻松、舒适的环境，纵情山水间，让身心得到休整。乡村旅游讲解员必须积极营造轻松的氛围，幽默的语言就是营造轻松氛围的有效工具。

本章小结

本章聚焦乡村旅游讲解员的演说素养。笔者梳理了语音和发声技巧，认为乡村旅游讲解员要发音标准，吐字清晰，用声音表达不同的情感，使游客想听、爱听。另外，乡村旅游讲解员可以通过有效的训练掌握即兴表达技巧，这对于乡村旅游讲解员开展讲解工作大有裨益。

课后小结与复习题

乡村旅游讲解员的演说素养

第七章
乡村旅游讲解员的讲解素养

第一节 乡村旅游讲解员的聆听技巧

所谓聆听,是指通过听觉、视觉媒介接收、吸收和理解对方的思想、信息和情感的过程。

美国有学者曾做过统计,在人类所有的沟通行为所占的比例中,书写占9%,阅读占16%,交谈占35%,聆听占40%。可见,事实上,在我们的沟通中,聆听占有重要地位,我们花费在聆听上的时间,要超出其他沟通方式许多。

一、听与聆听的区别

听,是声波进入耳朵,再传递到大脑;聆听,则是大脑把这个声波"翻译"成我们能理解的意思。聆听包括感知、理解、评价和反应四个阶段,它需要我们利用逻辑思维能力和原有的知识对信息进行加工分析,是一个主动参与的过程。听与聆听不一样,听是一种与生俱来的生理本能,而聆听则是一种沟通的技能,需要后天的学习与训练才能获得。

二、聆听的技巧

聆听是一种非常重要的沟通技能,人们喜欢善听话者甚于善说者。乡村旅游讲解员只有学会聆听,才能与外界保持良好的沟通。乡村旅游讲解员必须具备较强的聆听能力,这指的是乡村旅游讲解员在开展讲解工作时,面对不同的游客群体,要听其言、观其行、察其意。

（一）会听

俗话说："听话听声，锣鼓听音。"通常情况下，乡村旅游讲解员可以根据游客的言谈，为游客提供有针对性的服务。比如，性格外向的游客一般爱讲话，比较健谈；性格内向的游客在大庭广众之中不爱大声说笑；性格刚直的游客一般说话坦率，言语爽朗；那些"三句话不离本行"的游客，通常是对自己所从事的工作特别专注和熟悉的人；那些表达精准、注意修辞的游客，通常是文化修养较高的人；那些说话节奏很快的游客，通常自信心比较强。总之，听话是一门艺术。听话者不仅要听懂对方已说出来的言语，而且还要善于根据说话的情境、言语的表达方式、音量、音调、音速、重音等，听懂对方的弦外之音。所以，聆听不是简单的听，不是仅仅对声音、对别人话语的表面意思做出生理性的本能反应，而是要听出别人的言外之意，这样才能做到心中有数，沟通时才能有的放矢、抓住重点，才能更有效地为游客提供高质量的服务。

（二）会看

心理学研究表明，沟通的总效果＝语言的效果（7％）＋语音的效果（38％）＋非言语的效果（55％）。乡村旅游讲解员可通过由表及里、由此及彼、由浅入深的讲解，了解游客的心理活动，从而准确地向游客传递信息。这时候，乡村旅游讲解员就需要做到善于观察游客。那么，如何观察游客呢？

1. 观察游客的穿着打扮

穿着打扮能显示人的社会地位、职业、爱好、文化修养、信仰观念、生活习惯及民族地域等信息。

2. 观察游客的面部表情

游客的面部表情是反映游客内心情感状态的"寒暑表"。游客的喜怒哀乐等情绪变化，均会在面部有所反映。例如，乡村旅游讲解员细心观察游客的眼神变化，就可以窥见其基本的心理状态。

3. 观察游客的体态和动作

一般情况下，我们认为，谦虚的人习惯躬身俯首，力求不引人注目；高傲的人习惯说话时摇头晃脑；矫揉造作的人喜欢装模作样。手势动作反映的含义极其丰富。此外，步态也可以反映游客的性格、职业和情绪等特点。

心理学家在警告人们不要被动作的假象迷惑时，提出了四个原则：距离观察者越远，被观察者做出的动作通常越真实；越不自觉做出的动作，通常越真实；越不明显的动作，通常越真实；越不自然的动作，通常越真实。乡村旅游讲解员可以合理运用这四个原则。

三、如何改善聆听

聆听的质量决定着沟通的质量,在沟通时,我们应努力改善聆听的效果,提高聆听的质量,从而提高沟通的质量。

(一)创造良好的聆听环境

1. 安静的环境

安静的环境对聆听质量的影响是非常大的。例如,人们在喧闹的环境中讲话要比在安静的环境中大得多,后者更能保证沟通的顺利进行。对听众来说,环境中的嘈杂声也会影响聆听的连续性。当人们听不清楚或者需要很费劲才能听清时,人们听的欲望就会慢慢下降。

2. 安全的环境

沟通时,所处的环境是否安全,将会影响信息发送者和接收者的心情,从而影响沟通的效果。例如,领导和下属谈话,可以把下属叫到办公室来谈话,也可以在吃饭、娱乐等休闲场合进行交流。在这两种不同的环境下,沟通的效果会有很大差异。

3. 选择适当的地点和时间,确保不被干扰

心理学实验表明,在谈话过程中,如果谈话不断地被打断,这将导致谈话者的欲望下降,听话人的欲望也会下降。所以,谈话前最好预约,选定适当的时间和地点,以保证谈话过程的顺利进行。

(二)投入地聆听

在沟通过程中,要使聆听更有效,我们就必须做到投入地聆听。其实,从"听"这个汉字的构造中,我们就能略窥一二。

"聽"是"听"的繁体字,这个字的构造传达了以下内容。

(1)耳:用耳朵听。

当别人和你说话时,应该仔细聆听,不是听而不闻,也不是似听非听。

(2)目:用眼睛看。

当别人和你说话时,应把目光转向对方,认真地看着对方,而不是不理不睬。

(3)心:用心灵感受。

当别人和你说话时,应用心灵去感受对方的想法,要带着理解的目的去聆听,不是听过则已。

(4)王:王者为尊,尊重对方。

把对方当成王者,给予对方礼遇和尊重。

如果我们在沟通时能做到"用耳朵听、用眼睛看、用心灵感受、尊重对方"这些要求，我们就能从聆听中获得巨大的收获，沟通的质量也会显著提高。

（三）进行提问，让聆听更有效

在聆听的过程中，恰当地提出问题，往往有助于增强沟通的效果。沟通的目的是获得信息。通过提问，我们可以获得信息，同时也可以从对方回答的内容、方式、态度、情绪等其他方面获得信息。

不过，提问并不是随意地提问题，真正的提问是有技巧的。问题问得好，可以调动说话人回答问题的积极性和兴趣，使说话人愿意回答，有话可答，甚至给出比问话人预期更多的有效信息。

试比较下面例子中的两种问法。

一群教士正在教主的带领下进行祈祷，这时，有两个教士的烟瘾犯了，他们都去问教主。

教士 A 说："请问教主，我祈祷的时候可以抽烟吗？"

教士 B 说："请问教主，我抽烟的时候可以祈祷吗？"

你认为，教主会对哪一个教士回答"可以"呢？当然是教士 B。由此可见，学会巧妙提问将使聆听更高效，使沟通变得更顺畅。

（四）学会回应对方

回应，可以是有声语言的回应，如参与话题讨论、进行提问，也可以是点头、微笑等动作，这些都能告诉说话者你在认真聆听。总之，你必须通过有声语言或无声语言告诉对方：我在听，请继续。那种别人说话时一声不吭、面无表情、毫无动作的人，通常是不受人欢迎的。

第二节　乡村旅游讲解员的沟通技巧

我们通常说一个人很会沟通，主要指的是这个人很会说话。说话是一门学问，也是一门艺术。

一、说话的技巧

乡村旅游接待服务的过程，从问候游客开始，到游客离开结束，语言是完成这一过程的重要手段。会说话不仅体现了乡村旅游讲解员自身的素养，也反映了乡村旅游接待部门的服务质量和管理水平。

（一）语言的正确性

所谓"言为心声"，指的是语言能体现一个人的修养。乡村旅游讲解员与人沟通时，尤其是与游客沟通时，要把话说好、说对，尽量避免因为说错话而招致不必要的麻烦和误解。

1. 在交谈中，要"有所不为"

在沟通和交流中，话题是双方紧紧联系起来的纽带，是沟通双方进行思想交流、情感沟通、观点阐述、讨论评判的核心，是实现有效沟通和交流的重要前提。因此，在交谈中，我们不可随心所欲，更不能信口开河。要注意做到慎选话题，做到"有所不为"。

（1）不说倾向性错误的话。

例如，非议政党、国家和领袖，非议党和国家的路线、方针、政策，非议自己所在单位的领导，非议同事和朋友等，这些都犯了倾向性错误。

（2）不说侵犯他人隐私的话。

所谓隐私权，是指个人私生活不受他人干扰、窥视的权益。在言谈话语之中，对于涉及对方个人隐私的话题，如收入、年龄、恋爱和婚姻状况、家庭住址、个人经历、信仰政见等，都应该自觉地、有意识地予以回避。

（3）不说令人尴尬、反感的话。

说话时，我们要考虑别人的感受，不要总说自己爱说、想说的话，要多说别人想听、爱听的话。

（4）不说格调不高的话。

格调不高的话，指的是非官方的小道消息和谣言，以及低俗的段子等。

2. 在交谈中，要选择适宜的话题

（1）选择大众化、适宜谈论的话题。

如嘘寒问暖、谈天说地、拉家常等，这些话题人人都会用，是最简单、最基本的开场白。此外，正在发生的热点问题（如社会热点事件、时尚新闻、交通物价等）能活跃气氛，引起大家的共鸣，能使交谈更顺利。

（2）捕捉大家感兴趣的话题。

沟通（communication）一词源于拉丁语的动词 communicare，意为"分享、传递共同的信息"，即你与对方有多少共同、共有、共享的内容，这能决定你与对方沟通的程度。所以，在交谈中，我们要善于捕捉大家共同感兴趣的话题，让话题引起大家的共鸣，使得沟通双方的心理距离拉近。

当我们一时无法找到双方都感兴趣的话题时，那就应该多谈对方所关心的话题。心理学研究认为，每个人都把自己的事情看得很重要。说话时，我们要注意尊重对方，表达尊重的方法之一，就是针对对方感兴趣的人或事展开话题。

（二）语言的有效性

要想实现有效的沟通，就必须保证传递的信息能够被接收者理解和接受，所以，在沟通中，说什么固然重要，但更重要的是怎么说。

1. 了解交谈对象

在沟通和交流中，我们一定要知己知彼，要掌握对方的基本情况，包括对方的个性、身份和职业等，然后投其所好，避其所忌，有的放矢地进行沟通，这样沟通才会有效。

（1）考虑对方的基本情况。

对方的基本情况包括对方的年龄、性别、国籍、民族、文化水平、职业、职务等。对方的基本情况不同，对信息的接受和理解就会有差别。

了解对方的需要和层次，交谈就更有针对性，沟通也就会更有效。

（2）了解对方的身份和地位。

身份、地位的不同不妨碍正常交往、平等交流，但是在说话的措辞上，有必要进行适当把握。

（3）了解对方的个性特征。

每个人的个性都不相同。对不同性情的人，我们要采取不同的方式与之沟通。

（4）揣摩对方的心理状态。

人在不同的情况下，会有不同的心理状态，有时候我们未必能从人的言谈举止中看出他的心理状态。此时，我们就要学会察言观色，洞悉对方的心理状态，以便有效沟通。

2. 考虑交谈的场合

我们与人交谈时需要注意说话的场合，这里的"场合"就是说话时我们所处的环境。任何话语对其语言环境都有一定的依附性。也就是说，同样的话语，在不同时间、场合及对象面前，其含义大不一样。

（1）选择场合。

在开始重要的谈话之前，我们要注意选择适宜的场合，适宜的场合是促成有效沟通、谈话成功的要素之一。我们要从实际出发，充分利用环境因素，让谈话的内容意图与场合气氛协调一致，便于对方理解和接受。

（2）适应场合。

任何话语都离不开交谈环境。如果我们不考虑场合需要，说一些不适宜场合气氛的话，得到的结果往往与初衷适得其反。

在人际交流中，我们要看清是自己处在什么样的场合，例如是正式场合还是非正式场合，是内部场合还是外部场合，还要判断场合的氛围，例如氛围是严肃认真还是轻松随意等，然后去适应。我们进入某种场合，先要注意观察，适应场合的特点，并随着气氛的变化，机智灵活地调整自己的言谈举止。随着谈话的进行，我们还要注意听话者在心理和情绪上所产生的或明显或细微的变化。

（3）利用场合。

在面对面的沟通交流中，我们可以利用合适的环境，为沟通创造条件，使双方在融洽的气氛中交流。

（三）语言的情感性

沟通不仅仅是信息的交流，同时也是与别人情感的交流。"感人心者，莫先乎情"，所谓言之有情，就是在沟通过程中，把沟通对象当作自己的朋友，营造出亲切随和的沟通氛围，让对方感觉到温暖、舒心、愉悦。要知道，真诚、有人情味的话是最能打动人心的。

1. 心中有情

对于乡村旅游讲解员来说，所谓"有情"，就是乡村旅游讲解员在心里把游客当成朋友，切实站在游客的角度为游客着想。

2. 说话动情

乡村旅游讲解员要善于运用富有感染力的语言，通过恰当的语音、语调、语气等，加强话语的感召力，激发游客的共鸣。

3. 与人共情

乡村旅游讲解员在与游客沟通时，可以尝试换位思考，让自己和游客在情感上产生共鸣，与游客之间保持和谐与默契的氛围。

（四）语言的温和性

1. 使用礼貌用语

礼貌用语具有神奇的效应。我们在沟通中使用的礼貌用语，可以使我们的言语变得温和、彬彬有礼，还能体现我们对沟通对象的尊重。

2. 使用委婉、商讨的说话方式

有句话叫"山路十八弯"，就是指山路很崎岖，但通过这弯弯曲曲的小路，同样可以到达目的地。在人际交往中，我们也可以采取曲折的说话艺术，但是具体要选择哪种方法和人沟通，要视当时的情况而定。遇到专家的时候，就要详细地分析、明确地表达，最好能够用精确的数据来支撑自己的言论。但是如果遇到普通人，我们就要调整交流技巧，用简单易懂的语言进行讲解。乡村讲解员要多使用委婉、商量的说话方式，和游客真诚地沟通。

二、使用身体语言的技巧

美国著名管理学家德鲁克说过，人无法只靠一张嘴来沟通，总是得靠整个人来沟通。人们除了运用口头语言和书面语言进行沟通外，还运用其他方式，如手势、眼神等进行沟通，学术界把这些称为身体语言沟通或肢体语言沟通。

身体语言在沟通中的作用是非常重要的。它是对有声语言的辅助，有时甚至比有声语言更为真实。

（一）适宜的面部表情

面部表情是通过面部器官（眼、眉、嘴、舌等）的动作、态势来表现的。在交际过程中，双方最容易被观察的区域就是面部。

乡村旅游讲解员既要学会观察游客的面部表情，也要学会控制自己的面部表情。乡村旅游讲解员在接待工作中要注意做到面带微笑，和颜悦色，为游客营造亲切感，不能一脸冷漠，表情呆板，给游客以不受欢迎之感。乡村旅游讲解员要坦诚待客，不卑不亢，给人以真诚感，不要诚惶诚恐，也不要唯唯诺诺，因为这样的表现会使游客觉得此人太虚伪。此外，乡村旅游讲解员还要沉着稳重，给人以镇定感；要神色坦然、轻松、自信，给人以轻松感。

1. 眼睛

在面部各器官中，眼睛最富于表现力。眼神是内心世界的自然流露。在视线的交流中，眼神能发挥爱憎功能、威吓功能、补偿功能、显示地位功能等。与对方进行眼神交流时，我们要注意瞳孔的变化：当我们的内心充满愤怒、消极、憎恨、戒备等情绪时，瞳孔会缩小；当我们的内心洋溢着爱、喜欢、高兴、惊喜、惊恐、兴奋等积极情绪时，瞳孔会扩大。

与人交流时，我们的目光要专注，注视的位置要恰当。

2. 微笑

那些微笑的人都被认为是热情、富于同情心、善解人意的人。但是，微笑必须是真诚的，虚假的微笑总被看作谄媚、奉承、迎合的象征，人们经常将虚假的微笑与矫揉造作、缺乏自信相联系。

（二）恰当的肢体动作

1. 手势

伸出不同的手指，这在不同的国家和地区有不同含义，甚至文化差异巨大（见表7-1）。有时候，文化差异会带来很多烦恼。一些我们认为含有正面意义的手势，在其他国家和地区可能就含有消极甚至侮辱意义。乡村旅游讲解员必须了解手势在不同国家和地区的含义。

表 7-1　手势的不同含义

手势	含义	适用的国家和地区
竖起大拇指	好，干得好，了不起，高明	中国
	男人，您的父亲，最高	日本
	首领，自己的父亲，部长，队长	韩国
	祈祷幸运	澳大利亚、墨西哥、荷兰
	搭便车	美国、法国、印度
伸出食指	让对方久等	美国
	请求，拜托	缅甸
	最重要	新加坡
	请来一杯啤酒	澳大利亚
伸出中指	被激怒，极不愉快	法国、美国、新加坡
	不满	墨西哥
	侮辱	澳大利亚、突尼斯
	下流的行为	法国
伸出小指	女人、好孩子、恋人	日本
	妻子、女朋友	韩国
	小个子	菲律宾
	朋友	泰国、沙特阿拉伯
	要去厕所	缅甸、印度
	打赌	美国、尼日利亚
食指往下弯曲	数字九	中国
	偷窃	日本
食指往下弯曲	死亡	美国、菲律宾、马来西亚
	钱，询问价格或数量	墨西哥
拇指与食指指尖形成一个圆圈，手心向前	OK	美国
	诅咒	巴西、阿拉伯国家、希腊
	钱	日本

人们一般认为，敞开手掌象征着坦率、真挚和诚恳。若判断一个人是否诚实，有效的途径之一是观察他讲话时的手掌活动。双手在背后相握通常是有社会地位的

人借以显示其权力和地位的动作，此外，这个动作还可以起到镇定作用。

2. 身体接触

我们可以通过和他人的身体接触来实现沟通目的。在进行身体接触时，我们要考虑年龄、性别、场合等方面是否适宜。

（三）适度的空间距离

在沟通过程中，我们可以通过空间距离的差异来表达情感、传递信息。乡村旅游讲解员在与游客沟通时，应掌握好彼此之间的空间距离，实现与游客的礼貌交往。

1. 四种交际距离

美国人类学教授霍尔博士将交往中的距离划分为四种类型：亲密距离、个人距离、社交距离和公众距离。

亲密距离是一个人与最亲近的人相处的距离，为0~45厘米。陌生人进入这个领域时，我们会在心理上产生强烈的排斥反应。

个人距离的范围是45厘米到1米之间。人们可以在这个范围内亲切交谈，又不会触犯对方的近身空间。一般朋友和熟人在路上相遇，往往在这个距离内问候和交谈。

社交距离一般在1~3.5米之间。其中，1~2米通常是人们在社会交往中处理私人事务的距离。例如，我们在银行取款时要输入密码，为了保护客户的隐私，银行要求其他客户必须站在"一米线"之外。2~3.5米是远一点的社交距离。商务会谈通常是在这个距离内，人们相互之间除了语言交流，适当的目光接触也是不可少的，否则会被认为是不尊重对方。在屏幕上，电视节目的主持人大多是中近景，这是为了缩短与观众的距离。因为这个景别的视觉效果是主持人与观众的距离只有2米左右。

公众距离往往是公众集会时的距离，一般为3.5~7米。超过这个距离，人们就无法以正常的音量进行语言交流了。所以，有经验的语文教师会走下讲台朗读课文，以增强语言的感染力。

2. 把握适度的空间距离

乡村旅游讲解员与游客沟通时，保持适度的交往距离是十分必要的。

亲密距离被称为服务中的禁忌距离，会使人感到压抑或被冒犯。如果乡村旅游讲解员在讲解时距离游客太近，会使游客感觉私人空间受到侵犯。乡村旅游讲解员也不能距离游客太远。距离太远，会影响双方的沟通效果和质量；在带团游览中，当游客不听指挥、自由行动时，讲解员应该有效地把游客聚集在自己周围，避免因距离太远导致游客听不到或听不清讲解内容。此外，讲解员对待游客不能厚此薄彼，与游客保持"等距离"交往是安全的、适宜的，也是很有必要的。

三、讲解的语言艺术

（一）讲解原则

1. 准确恰当

讲解员的讲解质量如何，在很大程度上取决于遣词造句的准确性。讲解词必须以事实为依据，准确地反映客观事实，还必须入情入理，切忌空洞无物，或言过其实。

2. 鲜明生动

讲解词要言之有物，切记死板、老套、平铺直叙，讲解员要善于运用修辞手法，如对比、夸张、比喻、借代、拟人等，来修饰自己的语言。

3. 浅显易懂

讲解词要浅显易懂，符合人们的口语表达习惯。口语化的句子一般比较短小，虽然也有长句，但一般用停顿将意思断开，这样才能方便游客听清、听懂。

4. 清楚明了

讲解员讲解的时候，要发音标准，吐字清晰。讲解员要正确运用自己的发音器官，经常进行发音训练，此外，讲解员还需要熟悉讲解词。

5. 针对性强

不同的游客群体往往来自不同的地方，他们的民族、宗教信仰、习惯、职业、年龄、文化程度和知识水平也各有不同。讲解员在进行讲解时，要因人而异，使讲解工作更有针对性。

6. 广泛学习

讲解员从事的讲解比较特殊，主观性比较强，有很大的发挥空间，优秀的讲解员会博采众长，不断优化讲解工作。例如，在旅游车上，讲解员可以是演员，可以是歌手，也可以是主持人，身份的微妙变化给了讲解员很大的发挥空间，如何利用这个空间发挥自己的长处，给游客带来新鲜感和满足感，就要看讲解员的功力了。试想，讲解员在旅游车上给大家说一段传统相声《报菜名》，肯定能收获观众热烈的掌声。

（二）讲解员的讲解艺术

1. 幽默的语言

世界著名电影表演艺术家卓别林曾说，幽默就是我们在看来正常的行为中觉察出的细微差别。换句话说，通过幽默，我们在貌似正常的现象中看出了不正常的现象，在貌似重要的事物中看出了不重要的事物。可见，幽默是具有复杂性和丰富性的。机智、风趣、凝练的语言，常常借助一些修辞手法来加强表现力和感染力。这些语言生动活泼，令人回味、思考，让人在轻松的氛围中感悟道理。讲解员若能在讲解过程中适时地运用这些幽默，一定可以增添情趣、使人愉悦，还能给游客们创造和谐的旅游氛围。

2. 委婉的语言

《辞源》和《辞海》都将"委婉"解释为"曲折婉转"。我们可以将委婉的语言理解为说话者态度温和、内容曲折、表达含蓄的语言。人们通常使用较含蓄的语言表达各种强烈的或难以启齿的话语。委婉的语言借助偏离常规的修辞格，或者通过违背合作原则产生会话含意。这样便丰富了语言的表达方式，使语言拥有了独特的修辞意义，产生了独特的语言效果。

通过定义，我们可以看出：第一，委婉语是一种语言现象，是人们在一定的场合进行交际的重要手段，人们通常尽力避免使用引起双方不快或损害双方关系的语言，而是采用一种迂回曲折的语言形式表达思想、交流信息；第二，委婉语是一种社会文化现象，已渗透到人们日常生活的方方面面，反映广泛的社会现象和文化现象。

在旅游中，委婉的语言不仅可以避免人们因针锋相对而造成矛盾激化，还可以使矛盾缓和，并最终使矛盾得到解决。讲解员应学会正确运用这种艺术语言。

3. 模糊的语言

模糊的语言，作为一种弹性语言，是指外延不确定、内涵无定指的特性语言。与表达精确的语言相比，模糊的语言具有更大的概括性和灵活性。这种概括性与灵活性集中反映在语言的外延上。在模糊的语言中，人们通常借助语言要素中的若干模糊特点，增强语言在交际中的适应性、灵活性和生动性。在许多情况下，比如遇到难以回答、难以说清的问题，运用模糊的语言可以帮助我们化难为易，帮我们应对尴尬的局面。当然，模糊语言的运用很考验一个人驾驭语言的能力。模糊的语言在不同的背景、不同的场合乃至不同的氛围中使用，往往会因说话者要表达的目的和想要达到的效果不同，而产生不同的作用。

以上表达方式是乡村旅游讲解员在带团工作中经常采用的，除此之外，最重要的是讲解员要和游客产生情感共鸣。首先，讲解员要站在游客的立场，认真接待游客，并提供富于人情味的服务。其次，讲解员要以情感人、以情动人，在讲解过程中营造轻松、亲切、融洽的气氛，使游客能够真正享受旅游的乐趣。最后，讲解员要经常换位思考。讲解员带领游客游览的景观往往是讲解员去过很多次的地方，而游客可能是第一次到该景点旅游，这样一来，讲解员与游客之间就会有感受上的差距。讲解员应该以高度的责任感积极调动自己的情绪，应表现出高昂的兴致，否则可能会使游客感觉自己受到了冷落，感到扫兴。

（三）讲解员处理突发事件的语言艺术

1. 如何对待游客干扰

每个游客的成长经历不一样，学识、兴趣、职业也千差万别。讲解员在讲解时，时常会有游客对讲解员发出各种干扰信息，如随意插话、私下讲话，也有游客做出各种不文明、不礼貌的行为，这就需要讲解员给予恰当的反馈。对于这些干扰，讲解员要区别对待：或者循循善诱，或者告知游客景区的相关规定，或者请游客互相监督。

2. 如何处理讲解中的失误

讲解员在开展讲解工作时，应该实事求是，对于涉及人物、年代等信息的内容，一定要确保准确无误。但是，智者千虑，必有一失，讲解中难免会发生口误等情况。此时，讲解员可以按照正确的讲解方法再讲一遍，确保讲解内容的正确性。

讲解员一般都是脱稿讲解，可能发生忘记解说词的情况。忘记解说词会影响讲解的气氛和质量。要避免这种尴尬场面，讲解员就需要花心思记住讲解的内容。对于名言名句、景观名称的由来等精彩的内容，讲解员必须花时间、花经历去记忆。

第三节　乡村旅游讲解员的引导技巧

乡村旅游讲解员是连接游客和景区的桥梁，要提升讲解的效果，讲解员就要在两者之间创造更多的有效联系。在讲解工作中，一个优秀和成熟的讲解员一般不会急于开场，而是会先和游客闲聊，问问游客来自哪里、有什么爱好，然后评论一番，以此迅速拉近自己和游客之间的距离。在讲解的过程中，讲解员会阐述自己的主观评价，而不是复述提前写好的稿子。在讲到某个与游客相关的事件时，他们会停下来与游客进行探讨，往往能够挖掘出一些非常有趣的信息。这样的讲解能使游客感受景区的生动与鲜活，游客自然愿意参与。

一、确定讲解的主题

讲解的主题是讲解员在讲解工作中所要表达的中心思想或基本观点。它体现着讲解员对所阐述的问题的总体性看法，是整个讲解的灵魂。讲解的主题要正确、鲜明、集中、深刻。任何一个讲解都有主题。讲解的主题直接决定了讲解的内容和价值，影响讲解的成败。确定主题，即选题，有以下几个基本原则。

（一）注意讲解的场合，考虑时间因素

无论哪种讲解，都受到场合和时间的制约，讲解内容要与讲解场合的气氛协调，

即讲解员要考虑讲解的时间和空间环境。我们在这里所说的时间和空间环境，不仅仅指讲解现场的布置，也包括时间、背景、组织和游客等因素。

除了场合之外，选题还应考虑讲解的时间。心理学研究所提供的信息表明，一般人的大脑在1个小时内只能理解或接收1~2个重要问题，且注意力集中在前40分钟里，在之后的20分钟里，人的注意力便很难集中。因此，选题时必须集中凝练，富有特色，时间掌握得恰到好处。

（二）适合游客的要求，内容有的放矢

选题应有针对性，要能深刻地影响游客，极大地感染游客。选题时应考虑不同类型游客的需要，根据不同民族、不同职业、不同层次的游客的知识水准、兴趣爱好、风俗习惯等来确定选题。只有选题符合游客的心理期待，解说词才能吸引游客的注意力，唤起游客聆听的兴趣与热情。

一篇解说词必须有主题，但若主题太多，没有重点，听众就会不知道讲解员到底要传达什么信息。主题不集中，面面俱到，结果往往是蜻蜓点水，不深入、不透彻，讲解员也就达不到讲解的目的。所以，讲解的主题一定要高度集中，高度凝练。乡村旅游讲解员要调动一切可以使用的讲解手段，紧紧地围绕主题，把问题讲清楚、讲深入、讲透彻，从而给游客留下深刻的印象。

主题集中固然重要，但仅仅注意主题的集中还不够，因为集中并非目的，而是手段。主题集中是为了使游客将注意力放在某一焦点上，深入探究事物的本质，给游客以深刻的启迪。

一般情况下，游客对以下几类话题有浓厚的兴趣。

1. 能满足游客求知欲的话题

人类总是对于广袤的宇宙、遥远的过去、神秘的未来以及各种陌生的知识领域感到迷惘和困惑，总希望掌握更多的知识，充实和发展自己。这是人类生存的本能需要。对于游客而言，陌生的景观、新奇的知识能激发他们的求知欲，能鼓励他们带着问题进行游览。

2. 能刺激游客好奇心的话题

人人都有好奇心，世界趣闻、名人轶事、突发事件、科学幻想、个人经历等，都能激发听众的好奇心。在游览过程中，游客会充满好奇地观察、聆听、讨论，深入了解景观。

3. 事关游客利益的话题

人们最关心涉及切身利益的事情。在讲解中，关系游客衣、食、住、行的讲解自然会受到游客的欢迎。高明的讲解员具备把间接涉及听众利益的话题转化为与听众直接相关的话题的能力。

4. 娱乐性的话题

讲解员将幽默、笑话、故事穿插于讲解内容之中，能使讲解内容幽默风趣，在博得游客一笑的同时也征服了游客。娱乐性的讲解一般时间较短，能调节气氛，缓解游客的疲劳感，使整个讲解过程锦上添花。

5. 能提升听众优越感的话题

世界上很少有人讨厌奉承。讲解员要尽量掌握听众的基本情况，以便在讲解中穿插一些能提升听众优越感的话题。

二、提高沟通技巧

（一）加强语言培训

解决讲解员与游客之间听不懂对方说什么的最好方法就是加强针对讲解员的语言培训。景区应定期定点对讲解员进行普通话、外语等语言培训，同时还应或多或少地进行一些简单的方言培训，或是使每一名讲解员都熟练掌握一种方言。在开展讲解工作之前，讲解员要对游客情况有基本的了解，包括游客来自哪个城市、游客的年龄和职业等。这样讲解员才能更好地服务游客，赢得游客的青睐，同时提升景区的声誉。

（二）善于倾听

在旅游讲解中，讲解员不仅是沟通者，而且是倾听者。如果讲解员只会说却不会倾听，是难以圆满完成讲解任务的。有效的倾听能够增加信息交流双方的信任感，是克服沟通障碍的重要条件。讲解员要提高倾听的技能，可以从以下方面去努力：①使用目光接触；②使用赞许性的点头和恰当的面部表情；③避免分心；④要积极提出意见，以显示自己不仅在充分聆听，而且在认真思考；⑤尝试复述，用自己的话重述对方所说的内容；⑥要有耐心，不要对游客的行为妄加批评；⑦要注意听话者与说话者角色的顺利转换。

（三）更好地控制个人情绪

首先，讲解员作为服务人员，要时刻牢记绝对不可与游客争吵。如果想与游客争辩，讲解员可通过自我暗示控制法，在心中默念"息怒"或强迫自己做一些能令自己平静下来的动作，如默默在心中数数字、深呼吸等。讲解员要认真聆听游客的言语，当游客发牢骚或抱怨时，讲解员要努力保持自己平和的语调。如果自己实在处理不了，可请其他同事帮忙接待，自己暂时回避。讲解员要换位思考，从游客的角度出发，设法为游客解决问题，这样才能得到游客的理解，最终问题才能得到妥善解决。

（四）重视为游客提供心理服务

在旅游景区，游客来自世界各地，他们具有不同的生活背景、风俗习惯和宗教信仰。因而讲解员和游客有效沟通的第一步是了解游客，知晓他们的语言禁忌；同时要善于揣摩游客心理，弄清游客的弦外之音、话外之意。旅游景区和讲解员为游客提供的不仅仅是功能服务，心理服务也是必要的。为游客提供心理服务，就是除了满足游客的实际需要以外，还要使游客充分体验特殊的旅游经历。游客在旅游景区的经历，其中一个重要的组成部分，就是他们在景区的人际交往，特别是他们与景区服务人员之间的交往。这种交往，常常对游客能否产生轻松愉快的心情、能否产生美好的回忆起着决定性的作用。所以，作为讲解员，在讲解中为游客营造轻松愉快的交际氛围，就是为游客提供优质的心理服务。

总而言之，讲解员要为游客解决实际问题，用充满人情味的语言打动游客。在交流中，讲解员要讲究语言艺术，特别要掌握说"不"的艺术，要学会用肯定的语气去表达否定的意思。例如，讲解员可以用"您可以到那边去吸烟"代替"您不能在这里吸烟"；可以用"请稍等，您的房间马上就收拾好"代替"对不起，您的房间还没有收拾好"。在必须对游客说"不"时，讲解员也要和游客解释清楚，避免用生硬冰冷的"不"字回绝游客的请求。

（五）善于运用个性的服务语言

在传统的旅游对客服务中，旅游服务人员多使用千篇一律的服务语言，很少根据具体情况做出调整，也很少使用委婉语。这显然无法彰显旅游服务语言的特色，也会使游客感到太形式化。

在这种情况下，旅游行业需要提倡特色化的服务语言，摒弃千篇一律的表达方式，要用个性化的、超出游客期望的服务，使游客得到意想不到的惊喜。我们很难用一种标准或规则去概括与描绘个性化的服务语言。我们应该针对不同的游客群体、不同的情况做出不同的选择，提供不同的服务。就像你面对一个老年人时，你会发现新潮的语言会让他难以接受，但当你面对的是个年轻人，新潮的语言会让他们觉得旅游服务人员的水平很高。

三、讲解中的控场和应变技巧

控场是指讲解员在整个讲解过程中能把握主动权，对现场情况实施有效控制，无论发生什么事，都能果断采取措施，使讲解得以顺利进行并收到预期效果。

（一）冷场控制技巧

冷场是指在讲解过程中，游客对讲解毫无兴趣，反应冷淡，出现交头接耳、打瞌睡、看书报、心不在焉、陆续有人退场等情况。讲解员可采取以下技巧，变"冷场"为"热场"。

（1）变换话题。如果遇到冷场，讲解员可尝试放弃早已准备好的讲解内容，针对现场游客的反应，做即兴讲解，以调动游客的积极性。

（2）运用幽默。讲解员可尝试以提神的话语、神态、动作、语调等调整游客的情绪，吸引游客的注意力。等现场气氛活跃起来后，再接着原有的思路讲下去。

（3）缩短内容。讲解员可尝试将原有内容进行调整或压缩，只挑选精彩、关键之处进行讲解，从而缩短冷场时间。

（二）侵场控制技巧

侵场是指在讲解过程中，突然有某种外在因素侵入现场，如停电、麦克风发出异响、噪音太大，或进行露天讲解时遇到暴雨等，这些因素会给讲解的顺利进行造成不利影响。侵场是意外事件，出现这些事件后，讲解员要不慌不乱，冷静处理。

（1）主动适应。如果突然停电，讲解员可请游客稍等片刻，此时，讲解员可以讲个笑话缓解游客的焦虑情绪，也可以和游客聊聊天；如果长时间都没有恢复供电，讲解员需要对游览计划做出调整，并妥善疏导游客。如果讲解员在露天讲解时遇到暴雨，讲解员可带领游客参观室内景点，待雨停后，再按照游览计划引导游客完成参观。

（2）临场应变。如果讲解者遇到意外，可以根据讲解现场的情况巧妙应对。例如，在1952年的奥斯卡颁奖典礼上，获奖者雪莉·布恩由于激动，在上奖台台阶时绊了一下，差点摔倒，她在致辞时巧妙地用双关语说："我经历了漫长的艰苦跋涉，才到达事业的高峰。"话音一落，台下掌声一片。

（3）幽默化解。例如，当麦克风发出异响时，讲解员可以稍做停顿，微笑着说："现场这么多朋友都没说对我有意见，你倒叽里呱啦提起意见来了！"

（三）突发状况的应变技巧

1. 讲解员忘记讲解词

当讲解员忘词时，千万不要慌乱，不要沉默着苦思冥想，而应进行临场发挥，使讲解进行下去。讲解员可概述已讲过的主要内容，同时快速联想、回忆讲解词，如果还是回忆不起来接下来的讲解内容，讲解员就应该立刻放弃回忆，进入下一部分的讲解。此时，讲解员可将刚讲过的最后一句话或一个概念作为下一段的开头，直接讲没有忘记的内容，用这些新的内容稳定自己的情绪，重新吸引游客的注意力。如果在讲解过程中，讲解员又想起了刚才忘记的内容，可视这部分内容的重要程度进行取舍，如果这部分内容很重要，讲解员就可以见机行事，在适当的时候将其重新补充进去，如果这部分内容不重要，讲解员就可以将其弃之不理，顺着原有的思路继续讲解。

2. 讲解员说错讲解词

讲解员说错讲解词时，既不可对错误置若罔闻，也不必特意因讲错而向游客道歉，而应灵活处理。

（1）自我质疑。发现自己说错时，讲解员应及时在后面加一句反问，接下来简要阐述错在哪里，便可立即接上原来的话题说下去。

（2）将错就错。发现自己说错后，讲解员应顺水推舟，暂时改变话题，紧扣中心稍做阐释，再将原来的话题说下去。

（3）重新讲述。发现自己说错后，讲解员需要立即做出补救措施，重新说一遍正确的内容，借以纠错。

3. 讲解内容与别人重复

在同一个景点，可能出现几个讲解员的讲解内容相同或相似，或者某一个讲解员在讲解时有游客反映这些内容其他讲解员已经介绍过，此时，讲解员就要随机应变，调整解说词。讲解员可以使用的紧急处理方法有三种：一是丢掉原搞，重选主题；二是从原稿中选取一部分进行讲解，时适当发挥，讲出新意；三是主题不变，换一个角度来进行讲解。

第四节　乡村旅游讲解员的分析技巧

一、讲解对象的分析

面对不同的讲解对象，讲解员要做到"因人施讲"。这里的"因人施讲"，指的是讲解员要针对不同职业、民族、年龄、性别、文化水平的游客，组织不同的语言来进行讲解，让游客更加容易理解并接受讲解内容。下面就几种常见的讲解对象做出分析。

（一）普通群众

普通群众来景区参观游览，往往是以休闲为主，学习为辅。在为他们讲解时，讲解内容要简单明了。除非游客自己提出较深层次的问题，否则讲解员最好不要主动涉及这类问题，因为这类问题会使游客感觉难度大、太深奥，会打消他们参观游览的积极性。

（二）专家学者

专家学者往往有备而来，他们最重视与自己的研究领域相关的景观，往往在游览中非常仔细，有的人还会做笔记。在为他们讲解时，讲解员最好事先了解对方的研究领域，以便心中有数。对于专家学者的提问，讲解员要实事求是地作答，避免不懂装懂。

（三）领导

领导一般行程比较匆忙，给讲解员留的时间很有限。针对这一情况，讲解员必须抓住重点，做到"有所讲，有所不讲"，力求在最短的时间里给领导留下深刻的印象。

（四）首次来景区的游客

游客来自五湖四海，每天来旅游消费的游客都不是固定的。通常情况下，陌生的面孔会比较多。乡村旅游讲解员应该努力把陌生的面孔变成熟悉的面孔，这就要求讲解员掌握一定的沟通技巧。首先，讲解员应尽量记住游客的姓名，或者至少记住游客的姓氏和职业。例如，在对客服务中，称呼"李老师"就比"前排这位先生"表现得更为亲切。这种亲切的称呼能创造融洽的客我关系。讲解员还可以尝试用恰当的话语与游客聊天，这样可以使游客感到他们与讲解员之间充满了人情味，从而信任讲解员，讲解员也能更顺利地开展工作。

（五）多次来景区的游客

在旅游接待中，有时候讲解员可能遇到熟悉的面孔，此时，讲解员不能因为游客多次来景区就表现得过于随意。做旅游工作久了，就会有许多游客成为讲解员的朋友，讲解员可以将见面的问候由"您好！"改为"是你呀！"，以拉近自己和游客之间的心理距离。

二、旅游投诉行为分析与处理艺术

投诉是游客对所提供的服务设施、设备、项目及行动的结果表示不满而提出的批评、抱怨或控告。旅游涉及吃、住、行、游、购、娱等多个方面，是一个复杂的整体运作系统。所谓"众口难调"，游客对服务的需求是多种多样的，因此无论旅游景区经营得多么完善，都不可能完全达到甚至超过游客的期望值，游客的投诉是不可避免的。而事实上，投诉也是游客对旅游景区、对乡村旅游讲解员服务工作的一种评价。旅游投诉管理的目的和宗旨在于减少游客的投诉，并且把因游客投诉而造成的损失减少到最低水平，最终使游客对投诉的处理感到满意，同时避免类似投诉的再次发生。以下以与乡村旅游讲解员有关的投诉为例，对产生投诉的原因、旅游投诉的处理技巧进行简要介绍。

（一）产生投诉的原因

1. 主观原因

（1）不尊重游客。

乡村旅游讲解员不尊重游客，主要表现为讲解员对游客服务不主动、不热情；

对游客厚此薄彼，不一视同仁；服务语言不礼貌，服务行为不恰当；不尊重游客的风俗习惯，触犯游客的生活禁忌等。

（2）工作不负责任，服务水平低。

这主要表现为乡村旅游讲解员缺乏责任心，马虎大意，粗枝大叶，服务水平低。例如，有的讲解员无法处理好自己与游客的关系，怠慢游客，对游客的询问不予理睬，或者有意回答"不知道"。

2. 客观原因

（1）服务质量与服务态度很难量化。

旅游服务是一种非物质化的一次性体验，尽管有一系列规范标准，但它们也只能作为基本要求，很难精准量化服务质量与服务态度。服务质量与服务态度的优劣，往往与游客的心理感受有直接关系。由于语言障碍、自然环境、突发事件、风俗习惯等客观条件的影响，每个游客心中都有自己的标准，所以旅游服务众口难调，很难做到尽善尽美。

（2）游客个性存在差异性。

由于游客存在个性差异，不同气质、性格、情绪状态的游客处理相同的问题时可能选用不同的方法。例如，对同一项存在失误的服务，性格开朗的游客通常只是随口抱怨几句，而喜欢较真的游客则容易直接投诉。

（二）旅游投诉的处理技巧

1. 了解和把握游客的投诉心理

游客投诉时的心理状态主要有以下三种：求尊重、求发泄、求补偿。

（1）满足游客求尊重的心理。

在整个旅游过程中，游客求尊重的心理一直十分明显，而在进行投诉活动时，这种心理表现得更加突出。游客通常认为自己的意见是正确的，希望自己的投诉受到有关部门的重视。有的游客在投诉时希望相关人员向其表示歉意，并希望自己的诉求得到满足。

（2）满足游客求发泄的心理。

游客的投诉一般是在心情不愉快、满腹怨气、态度愤怒的状态下进行的，无论游客采取何种投诉形式，都难免要发牢骚、讲气话，甚至吵闹与谩骂。投诉者的这种情绪表现，就是为了发泄心中不满，以维持心理上的平衡。

（3）满足游客求补偿的心理。

当游客因遭受损失（包括物质方面的损失和精神方面的损失）而投诉时，游客都希望相关部门能补偿他们的损失，这是游客普遍的心理需求。另外，当游客寻求心理满足，而又因种种原因或条件的限制其需求无法得到满足时，寻补偿就会成为游客退而求其次的选择。

由此可见，游客投诉时，他们的心理需求是不完全一样的，乡村旅游讲解员应关注游客的心理需求，从而有针对性地处理游客的投诉。

2. 正确处理投诉的步骤与方法

处理游客投诉的原则是，以事实为根据，以法律为准绳，不能依照主观感觉、推断，甚至个人好恶办事。在处理游客投诉时，应做到以下几点。

（1）认真倾听。

遇到游客投诉，乡村旅游讲解员必须耐心倾听游客的意见，不要立即辩解，更不要马上否定。任何情况下，都不能与游客发生争吵，这是正确处理投诉的前提。

（2）调查核实。

应及时向领导汇报，同时认真调查，做出符合客观的分析，为最终妥善处理投诉打下基础。

（3）正确处理。

在核实清楚游客投诉的原因后，乡村旅游讲解员因根据上级的指示，向游客做出实事求是的解释，并代表有关方面做出必要的赔礼道歉。更为重要的是，讲解员要采取有力措施，消除服务缺陷。该赔偿的，应按规定向游客进行赔偿。对于个别游客的不合理要求和误解，要做好有理、有力、有节的解释说服工作，切不可当面顶撞游客。

（4）继续服务。

在妥善处理投诉后，乡村旅游讲解员应对游客表示感谢，谢谢游客的理解、信任与合作，继续提供热情周到的服务。

3. 不同类型游客的投诉应对技巧

（1）理智型游客。

这类游客在投诉时表现得非常理智，不明显流露不满和生气，更不会发怒。他们会列举种种事实和理由，来证明自己的合法权益受到了损害，要求相关方面进行赔偿。处理这类投诉时，合理的赔偿制度非常重要。在和这类游客沟通时，讲解员不要试图采用拖延战略，不要假想可以大事化小、小事化了。一定要认真对待，及时解决，并向其表示真诚的感谢。

（2）挑剔型游客。

一般情况下，挑剔型游客有着比较丰富的旅游经验，他们会对旅游企业的硬件设施、软件服务等各方面进行比较，他们会以挑剔的眼光看待旅游景区的现状。在和这类游客沟通时，乡村旅游讲解员必须给予他们足够的尊重，尽量满足他们心理上的需要。乡村旅游讲解员要高度重视他们的投诉，并积极改进存在的问题。

（3）宣泄型游客。

这类游客在投诉时会明显表现其不满、抱怨、失望等情绪，甚至会发怒，他们需要的是有人能够耐心地倾听他们的抱怨和不满，希望可以获得同情和理解。要解决这类抱怨式的投诉，乡村旅游讲解员需要耐心、细心、有爱心，给予游客关心，有时仅仅一两句安慰的话就可以化解游客所有的不满。

本章小结

本章聚焦乡村旅游讲解员的讲解素养。笔者认为，好的讲解离不开细心的聆听，乡村旅游讲解员要耐心聆听游客的需求，熟悉沟通技巧，掌握沟通的语言艺术，在讲解中注意控场和应变，妥善合理地处理游客投诉。

课后小结与复习题

乡村旅游讲解员的讲解素养

第八章
乡村旅游讲解员的表演素养

乡村旅游讲解员作为旅游景区与游客之间的桥梁和纽带，往往需要通过以最直观、生动的方式向游客介绍当地的风土人情、历史变迁等一系列与当地有关的背景文化知识，帮助游客在最短的时间内了解当地的独特魅力。

表演艺术作为一个相对宽泛的概念，是通过戏剧、音乐、曲艺、舞蹈等方式，将故事情节或人物形象表现出来，同时也是各种技术技巧的展示。例如，对于影视作品来说，演员通过将自己的专业形体表演和台词功底结合起来，以呈现剧本中的人物。由此进行延伸，乡村旅游讲解员向游客展示当地的风土人情、历史变迁，这也是一种表演。中国画家吴冠中曾说，艺术到高峰时是相通的，不分东方与西方，好比爬山，东面和西面风光不同，在山顶相遇了。乡村旅游讲解员将相关的表演知识用于讲解工作，这便是本章试图探讨的内容。

第一节 乡村旅游讲解员的表演意识

就表演来看，表演的目的并不仅仅局限于通过外在的展示去描绘、表现出角色的形象，更多的是通过对固定角色的重构，让表演者自身以及观众的情感适应角色所处的环境，让表演者以及观众体会特定环境下角色的感受。这是所有表演的基本目的。乡村旅游讲解员的表演目的亦是如此，即巧妙地将游客带入特定的环境中，让游客感受所处村庄的真实生活，让游客换一种身份去体验当地村民的感受。这些都离不开乡村旅游讲解员表演意识的建立。

表演意识，简单地说，是指一个演员在进行表演活动时对其表演范畴意会和认识的能动程度，它是感觉和思维等各种心理过程的总和，既展示着表演者对其表演范畴的认识水准，又作用于表演者对客观表演范畴的再认识。在乡村旅游讲解员的工作中，他们需要将自身与需要演绎的角色融为一体，尽可能减少表演的痕迹。例如，在较为成熟的乡村旅游景区的情景生活体验区，乡村旅游讲解员常常扮演村长，以村长的姿态和语气，快速地将游客带到村民的角色中，鼓励游客参与互动演绎。其实，在互动演绎中，为增强游客的体验感和真实感，讲解员的引导尤为重要。很多时候，特定人物独有的下意识的动作，恰恰便是游客对角色建立信任感的有力工具。对于村长，我们常常有这样的印象：头戴草帽，习惯性地把手放在身后，讲话时喜欢来回踱步等。在乡村旅游景区，为了更好地推介景区，乡村旅游讲解员需要培养表演意识，这也是他们工作的一部分。

当乡村旅游讲解员面对游客时，他便不再是一个普通的自然人，更像是登上舞台的演员。但是，在乡村旅游讲解员的日常工作中，他们首先会做的并不是像专业演员那样长年累月地系统学习、打磨、实践、总结。特别是刚刚走上工作岗位的乡村旅游讲解员会更注重如何将自己熟悉的讲解内容传递给游客，他们会将重点放在内容上，因而很容易忽略游客的接受程度，也很难捕捉游客的反馈。表演意识的培养能使乡村旅游讲解员更好地对"舞台"进行把握，以灵活、自然的方式去应对"舞台"的临时状况，树立信心。同时，乡村旅游讲解员表演意识的培养与开发，更能促进讲解员对当地文化的深入理解，为当地乡村旅游文化建设注入新的活力。针对表演意识的培养与开发，以下将会以表演意识的认识、表演意识的培养、表演意识的运用为思路进行阐述。

一、乡村旅游讲解员表演意识的认识

在乡村旅游表演培训的过程中，乡村旅游讲解员需全面认识从事这一职业可能需要面对的各类人群。乡村旅游讲解员要秉持对游客负责的理念，并把这种理念融入每一次彩排、每一次接待之中。

在乡村旅游讲解员的培训中，无论是表演技巧的学习，还是人文内涵的学习，最后都会体现为外在的表演艺术。因此，在培养乡村旅游讲解员表现意识的过程中，应加强讲解员对于乡村的理解，因为只有在全面正确地理解自身所处的乡村后，讲解员才能以正确的方式接待游客，才能更好地培养自身的表现意识。在前期熟识乡村的环节，乡村旅游讲解员要认真学习当地的历史文化、风土人情、民间曲艺知识，要对乡村古建筑设计风格、乡村的变迁史等有足够的了解，还要结合自身经历，对富含当地特色的人文景观进行正确的解读。此外，乡村旅游讲解员可通过不断参加讨论、总结，不断加深对乡村文化的认识。

乡村旅游讲解员的表演意识离不开艺术审美意识。艺术审美是人类审美活动中的一种高级、特殊的形态。所谓审美，简单来看，就是感受、领悟客观事物本身所呈现的美。对乡村旅游讲解员来说，高水平的艺术审美不仅会让自身的表演提升档次，也能更好地提升当地乡村旅游的整体质量，推翻很多人心中"乡味即土味"的偏见。因此，在日常生活中，乡村旅游讲解员应拥有提升自身艺术审美的意识，从自己的形象入手，使自己时刻保持较好的精神风貌，将表演融入日常生活。例如，在位于黔东南苗族侗族自治州雷山县西江镇南贵村的西江千户苗寨，乡村旅游讲解员会在接待游客时穿上自己在节日庆典、接待贵宾时穿的民族服饰，让游客在见到讲解员的第一时间就能对当地独有的民族特色和精神面貌产生深刻印象。

二、乡村旅游讲解员表演意识的培养

在乡村旅游讲解员培训过程中，我们可以利用一些即兴表演练习，去有意识地引导讲解员完成某些环节的表演，以提升讲解员的临场反应以及快速创作的能力，培养讲解员的创新精神和表演意识。这种练习能鼓励乡村旅游讲解员将他们在生活中积累的素材释放出来，创造出最符合潮流的新内容。例如，某些乡村里可能有些弯曲的小河，我们可以假定讲解员要带领游客蹚过小河。那么，乡村旅游讲解员该怎样去得体地应对？是否存在安全隐患？要以怎样的方式蹚过小河？乡村旅游讲解员可借助发散性的思维进行思路上的创新。

乡村旅游景区情况不同，所需的表演艺术也不同。这些表演艺术，包括舞蹈、声乐、器乐、曲艺等多个门类。如何向游客展现当地独有的文化特色，是乡村旅游讲解员需要回答的问题之一。在比较成熟的乡村旅游景区，旅游演出已经成为备受游客关注的项目。旅游演出是为游客提供休闲娱乐的精神文化产品，所以在保证演艺产品艺术性的前提下，更要注重其易懂性和娱乐性。在旅游演出中，首先，演员要综合运用多种艺术表现手法，如舞蹈、歌曲、杂技、武术等，使演出氛围欢快热闹，比如《梦幻漓江》展示了漓江的山水文化。其次，要充分利用声、光、电等高科技手段，强化视听效果，激起游客的兴趣，使其获得更多愉悦的体验。最后，要通过台上与台下的互动，增强游客的参与性。所谓"独乐乐不如众乐乐"，乡村旅游讲解员要积极参与表演，同时鼓励游客参与进来，营造轻松愉悦的氛围。

三、乡村旅游讲解员表演意识的运用

乡村旅游讲解员并非科班出身的专业演员。在很多情况下，为保证较高的讲解质量，并吸引游客的注意力，乡村旅游讲解员需要在正式接待游客之前做好热身。此处的"热身"并非运动员在比赛之前进行的体力活动，而是乡村旅游讲解员针对即将开展的工作进行的一系列准备动作。例如，如果乡村旅游讲解员在讲解中需要唱歌，那么在游客到来之前，讲解员可在进行整体造型后，抽出15分钟左右的时间进行简单的开嗓练习，帮助自己快速进入唱歌的状态。

第二节 乡村旅游讲解员的表演技巧

目前，国内外关于乡村旅游讲解员表演技巧训练的研究尚处于起步阶段，相关成果很少，故笔者在本节中大胆设想，从专业系统的表演学基础技巧中提炼出部分适用于乡村旅游讲解员表演技巧训练的内容，进行阐述和分析。

一些体验派艺术表演论常提出"双重自我"的概念，即在演员的第一自我中，"我"为表演者本人，而在第二自我中，"我"为表演者所扮演的角色。故很多演员在访谈中提及塑造角色时常常会提到为理解角色而进入角色所处的生活环境中去体验的情形。此种方式同样也适用于乡村旅游讲解员，即第一自我为乡村旅游讲解员本人，而第二自我则为乡村旅游讲解员这一职业角色或是因实际情况所需要去进行传递的当地角色。乡村旅游讲解员在实际操作阶段需要进入当地乡村的规定情境之中，扮演讲解员或某个当地居民或富有当地特色的角色。与此同时，乡村旅游讲解员作为第一自我，需要时刻留意现场观众反馈，保持一定清醒的头脑，使游客反映达到预期的效果。打个比方，在实际接待游客时，如乡村旅游讲解员未控制好与观众互动的时机，一味地自我沉浸式讲解，那就无法达到与观众共情，也不能激发观众对于当地人文的兴趣，其实也就失去了表演本身的意义——把观众放在第一位。那么，如何才能更好地系统把握本我与乡村旅游讲解员这一角色之间的平衡呢？笔者在此根据表演意识的基本方法总结出如下经验。

一、注重张弛度

很多时候，乡村旅游讲解员和演员一样，都需要在有限的时间内扮演好某个特定的角色。不同于职业演员，在初次接待游客时，乡村旅游讲解员难免会存在尴尬、不安甚至紧张等情绪。因此，在对乡村旅游讲解员进行培训时，要引导他们客观地认识这些情绪。例如，可建立讨论小组，让讲解员通过语言或动作等来表现自己的情绪，小组成员通过讨论，找到适合自己的舒缓情绪的方式。

乡村旅游讲解员这一职业带有很强的社交属性，故如何快速与人建立信任关系是乡村旅游讲解员培训中的重点课程。表演课中的天性解放训练就十分适合在这一课程中得到应用。在天性解放训练中，讲解员通过肢体、语言或面部表情的解放，来迅速与陌生人建立联系。在这一课程中，我们可以通过语言解放和肢体解放来帮助乡村旅游讲解员完成天性的解放。从语言解放方面，可以通过建立小组的形式，请讲解员依次进行自我介绍，鼓励讲解员将自我介绍以夸张的形式呈现出来，这种类似吹牛的自我介绍能让讲解员在语言上得到解放。在肢体解放方面，可随机指定讲解员做出某种肢体动作或面部表情，也可让讲解员演绎某些特殊的情境，这种情景再现训练能促进讲解员流露出自身的真情实感，促进讲解员建立情感共鸣，迅速建立感情联系，拉近讲解员之间的心理距离。

二、把控注意力

注意力是指人的心理活动指向和集中于某种事物的能力。注意力可以细分为很多类别。对乡村旅游讲解员而言，注意力的把控更多地表现为舞台注意力的把控。舞台注意力，简单来说，就是表演者在表演过程中对注意力的把控能力。著名戏剧家斯坦尼斯拉夫斯基在《演员的自我修养》一书中指出，演员运用注意力集中的技术，借助想象虚构，为自己提供根据，并对对象加以改造，使之具有吸引力；演员把内部和外部注意力集中到对象上，从而排除私心杂念以及外界的干扰，消除不必要的紧张情绪，唤起自身创造的天性，进行符合规定情境的表演。但在实践中，我们不难发现，在接待游客时，受游客年龄、受教育程度、不可控的天气状况等各类客观因素的影响，不太成熟的乡村旅游讲解员总是容易注意力不集中，有的甚至出现大脑空白、忘词等一系列失误。因此，在乡村旅游讲解员训练初期，我们需要对讲解员进行注意力把控训练，使他们在实际接待游客时能自如地把控自身的注意力，即使出现短暂的走神，也可以及时拉回来，避免失误和事故的出现。

三、建立信念感

斯坦尼斯拉夫斯基在相关表演学著作中均提到，演员要有信念感，即演员要对虚构的剧情倾注真情实感。这同样适用于乡村旅游讲解员的讲解工作。在接待游客时，乡村旅游讲解员需要对讲解员这一身份充满信念感。只有真正热爱讲解工作，多钻研，多思考，多探究，讲解员才能不断适用新形势的需要，才能不断优化讲解工作。

乡村旅游讲解员除了需要对自身从事的职业充满信念感外，还需要在讲解工作中培养游客的信念感。斯坦尼斯拉夫斯基在《演员的自我修养》中提到，演员在表演中是用另一种方式去体验周围的一切。在我国，不同的乡村旅游景区风貌不同，讲解员需要以当地人的生活特色为出发点。例如，位于宁夏固原市隆德县陈靳乡的新和村，作为隆德县着力打造的12个重点旅游特色村之一，从2016年7月起发展至今，村中接待游客数量已达6万人次，直接收入超过了30万元。该村的特色，是因地制宜地将秦腔等游客平时难得一见的非遗民俗文化融入日常生活中。在新和村综合文化服务中心广场的舞台上，几乎每个月都有十分精彩的秦腔表演。在当地，从乡村旅游讲解员到普通村民，大家都耳濡目染，对秦腔这种传统非遗民俗文化无比熟悉。乡村旅游讲解员有了这种熟悉感之后，在接待游客或为游客讲解的过程中，他们会在声腔、肢体动作等方面有意做出模仿。这能在潜移默化中将当地的文化传播给游客，激起游客的好奇心，带领游客体悟当地文化的独特魅力。

四、培养想象力

众所周知，表演作为一门艺术，与我们的生活总是有着密切的联系，而艺术作为生活的产物，往往取材于生活，并且高于生活。乡村旅游讲解员和演员相似，他们都是人文艺术的传播者。

在乡村旅游讲解员想象力的培养方面，我们有必要了解"内心视像"这个概念。"内心视像"原本是戏剧术语。斯坦尼斯拉夫斯基指出，演员在表演过程中，要在想象中看到规定情境中出现的对象。这种插画式的想象形成角色内心世界的一部分，并能激起相应的体验、意向和动作。因为演员在表演过程中，很多时候都是面对摄像机完成人物特写的拍摄。这个时候，为了还原角色所处的特定环境，演员就需要运用想象力去和摄像机进行交流，把摄像机想象成自己所扮演的角色所面对的人物或事物。对于乡村旅游讲解员而言，他们可以将自己面对的游客想象成自己的亲朋好友，由此拉近自己和游客之间的距离。

在乡村旅游讲解员想象力的训练中，我们可以针对性地为乡村旅游讲解员展示许多具有本地特色但无生命特征的物品，如鹅卵石、手工制品、特色小吃等，让他们对这些物品进行了解，随后每人选取一件物品进行介绍。在这个训练中，乡村旅游讲解员需要结合自己所选物品的特征，细致地对物品进行描述。以手工制品为例，讲解员可以介绍这个手工制品是谁做的，它采用的是什么材料，耗费了多长时间，有什么用途，它的造型有什么讲究，这个手工制品是什么颜色，它的花纹是怎么制成的，这些花纹有什么含义，以及这些含义的由来。对于这些内容，乡村旅游讲解员都需要在心中打好腹稿，如此才能进行一个完整的介绍。

研究证明，人只有对自己描述的人或物倾注真情实感，才能描述得细致准确。乡村旅游讲解员的讲解也是如此。乡村旅游讲解员需要充分利用想象力，将游客快速带到乡村旅游讲解员所想象的特定环境中。例如，现在很多乡村旅游景区建立了乡村生活体验区。在这里，乡村旅游讲解员和游客都需要扮演不同的角色，讲解员一般承担类似村干部、邮差等角色，游客一般扮演村民，双方合作，推动剧情发展。这种实景互动的演绎方式让游客仿佛真实地置身于乡村旅游讲解员营造的环境之中。

五、养成观察能力

我们都知道，乡村旅游讲解员从事的是一项与人打交道的工作，所以，不管是观察游客，还是观察当地人，这些都是每一个成熟的乡村旅游讲解员必须要学会的一项能力。学会捕捉生活中的诸多细节，对乡村旅游讲解员的工作有着或多或少的帮助。

在乡村旅游讲解员观察能力培养方面，笔者认为，可以借鉴演员在学习表演初期对于模仿力、观察力以及表现力的学习，通过循序渐进的方式，引导乡村旅游讲解员先观察简单的事物，然后观察人物，除了对人物的外表进行观察，还需要对人物复杂的内心情感进行揣摩。此外，在训练中，乡村旅游讲解员可以两人一组进行"照镜子"练习：两人面对面，一人做出某个规定的动作，另一人模仿对方的动作。这个练习能训练乡村旅游讲解员的观察能力。

六、训练沟通能力

沟通能力是指一个人与他人有效地进行信息交换的能力。要进行有效沟通，就需要注意沟通环境、沟通方式等。沟通能力出众的人，不仅可以很好地将信息传播出去，而且可以充分发挥自己的影响力，体现自身的社会价值。乡村旅游讲解员的沟通能力不仅体现在与游客联络感情上，也体现在对突发情况的处理中。

第三节　乡村旅游讲解员的表演控制

　　乡村旅游讲解员是联系当地文化和游客的纽带。要让游客在自然轻松的氛围中主动接收关于当地的文化信息，但又不能让游客对当地文化进行过度解读，这是乡村旅游讲解员上岗之前必须思考的问题。从表演的角度来看，表演艺术历史悠久，且已形成较为完备的体系，不管是演员的肢体、表情，还是角色内心情感塑造，都已形成专门的训练体系。与此同时，每一个演员对于同样的事物可能有不同的理解，这种理解上的多样性决定了表演本就无法似解题一般有唯一正确的答案，只存在相对抽象的艺术评判标准。这种介于理性和感性之间的矛盾也对乡村旅游讲解员做出了一定的要求。乡村旅游讲解员只有把握好理性与感性之间的平衡，才能做好讲解工作，才能演好乡村旅游讲解员这一角色。在此，笔者以表演过程中的理性控制和感性控制入手，对如何平衡理性控制和感性控制做出分析和研究。

一、乡村旅游讲解员的理性控制

　　表演发展到现如今，已衍生出诸多门类，如戏剧表演、音乐表演、舞蹈表演、服装表演、武术表演、戏曲表演等，每一种门类的作品都有着其独特的风格，而这些风格正是演员靠言传身教发展而来的。同时，就算是同一门类，受环境的影响，不同流派的风格也不尽相同。乡村旅游讲解员如果想演好自己的角色，就需要科学的理论方法作为支撑。乡村旅游讲解员为了保证接待质量和讲解水平，需要根据所在景区的特色，学习并掌握表演学中的肢体控制、表情控制、情感控制等方法，接受统一的训练，这样才能更好地带动游客，出色地完成接待和讲解工作。例如，在我国内蒙古自治区鄂尔多斯市杭锦旗锡尼镇的周边地区，常流行一种名叫"筷子舞"的民族舞蹈，这是蒙古族一种常见的舞蹈类型，人们主要在婚礼、喜庆节日时跳筷子舞。在表演时，表演者双手各持一束筷子，在众人的歌声和击鼓声中，表演者做出跪、坐、立等动作，并用筷子击打自己的手、肩、背、腰、臀、腿等部位，有时也会击打地面，这种舞蹈能表现出节日的欢乐氛围。对于该地区的乡村旅游讲解员来说，他们需要知道，到当地旅游的游客并不可能全部都是蒙古族同胞。即使游客来自蒙古族，他们对于筷子舞可能也有不同的认识和理解。为了更好地介绍这种舞蹈，有经验的乡村旅游讲解员会先进行学习，至少掌握简单的舞蹈动作。乡村旅游讲解员可以参加相关培训，在一定程度上控制自身的肢体以及表情等相关表演因素，更生动灵活地向游客讲解这种舞蹈，引导游客了解当地特殊的民俗文化。

　　乡村旅游讲解员的一举一动都会暴露在游客面前，游客对行程进行品评时，也会审视讲解员的工作质量。如果游客认为乡村旅游讲解员讲解质量差，服务水平低，就很难对景区产生好印象。由于意识到这一点，很多乡村旅游讲解员会面临或大或小的心理压力。此时，他们就需要做好情绪控制，这是理性控制中的重要内容。

乡村旅游讲解员的性格可能与讲解内容的风格不太一致，此时，讲解员就需要根据不同讲解题材的感情基调调整情绪，使自己的情绪和讲解内容相匹配，将自己融入讲解内容之中。同时，随着讲解的不断推进，乡村旅游讲解员要不断及时地调整自身的情绪，还要通过语言、表情、动作等，使游客与讲解进程中的情绪变化保持一致，带领游客全身心、沉浸式地解读乡村。

其实，我们不难发现，乡村旅游讲解员在讲解过程中对于现场氛围的有意引导也是理性控制的一部分。乡村旅游讲解员在讲解过程中要观察游客的反应，并及时做出反馈，对讲解内容进行调整。试想，如果一位乡村旅游讲解员在讲解过程中自由散漫，对于游客表现出的情绪无动于衷，无视游客的意见和建议，这样的讲解活动自然算不上合格的讲解。

乡村旅游讲解员还需要用理性去疏导自身的紧张情绪。针对如何疏导紧张情绪，笔者在前文中已做过详细讲解，因此在此不再赘述，但需要提到的一点是，除了科学、正确、全面地认识自身的紧张情绪外，乡村旅游讲解员更需要提前了解当天即将接待的游客来自哪里、从事什么职业、当天天气如何等。这些客观因素都会对讲解活动产生影响。乡村旅游讲解员还可以假设可能出现的特殊情况，在心中做好预案，总结出一套适用于自己的讲解方案。只有尽可能周全地考虑实际接待工作中可能出现的紧急情况，并理性地设想正向积极的解决方案，乡村旅游讲解员才能够在实际接待游客时做到收放自如、游刃有余。

放眼国内，目前我们已经有了大批优秀的全国乡村旅游重点村和全国乡村旅游重点镇（乡）。如何更好地吸收借鉴这些示范点的优秀举措，实现乡村旅游可持续发展，也是乡村旅游讲解员需要学习的内容。对于一些新兴的乡村旅游景区来说，如何在最短的时间内打开知名度、提升影响力，是需要考虑的重点问题。我们可以邀请一批有着丰富经验的乡村旅游讲解员在景区开发初始阶段进行适当的指点。那些已经形成自身风格、有独到见解的成熟的乡村旅游讲解员，可以多带动其他新一代年轻的乡村旅游讲解员，形成"老带新"模式。

二、乡村旅游讲解员的感性控制

从表演学角度来看，在表演形成的初期，表演的目的是传递信息或表达感情，使信息和感情被对方接受。乡村旅游讲解员的讲解工作与表演有相似之处，那就是乡村旅游讲解员和演员都以语言、动作、表情等为工具，去吸引游客的注意力。乡村旅游讲解员需要从感性层面出现，用真诚打动游客，获得游客的认可，激发游客内心的情感共鸣。

在接待游客时，除了熟练运用接待技巧外，乡村旅游讲解员还需要在讲解工作中融入真情实感。这里的真情实感，不仅包括乡村旅游讲解员对于所处乡村的热爱之情，也包括他们对游客的感激之情。这种真情实感，表现在乡村旅游讲解员的语言、眼神、动作中，更表现在他们的精神状态里。因此，乡村旅游讲解员在上岗之前，需要准确理解讲解词的内容，理解乡村旅游景区的文化背景，从感性的角度发散思维，对讲解工作形成新的理解。在实际接待游客时，乡村旅游讲解员要将自己对于景区的理解真实、生动、自然地传递给游客，有意识地引导游客进入自己所营造的氛围之中，实现乡村旅游讲解员与游客深度的心灵交流。例如，有着"中国十大美丽乡村""全国生态文化村"荣誉称号的袁家村，坐落于陕西省咸阳市礼泉县烟霞镇北面举世闻名的唐太宗李世民昭陵九嵕山下，受独特的历史文化影响，该村的旅游讲解员对该地的历史文化均有较为全面的了解。当然，他们不会像历史教师为学生上课那样进行讲解，而是会选取一些游客熟知的历史人物，介绍这些人物不为人知的一面，从另一个角度呈现历史人物和历史事件。具体选取哪些历史人物和历史事件，这完全由乡村旅游讲解员自己决定。他们会结合自己的兴趣，对历史人物和历史事件进行加工整理，最终为游客呈现新鲜有趣的讲解内容。

在实际工作中，乡村旅游讲解员还要做好面部表情控制。面部表情是一个人的思想状态最为直观的反映方式。一名优秀的乡村旅游讲解员总能够从游客的表情中理解对方的心理活动。我们不难发现，面带微笑、热情洋溢的乡村旅游讲解员总能更快地拉近自己和游客之间的距离。同时，在讲解中，目光有神、五官舒展、面带微笑的讲解员能够激发游客的好奇心和探索欲，使整个参观游览过程进展得更顺利。

除了面部表情，乡村旅游讲解员还需要注意自身肢体语言的运用。恰到好处的肢体语言虽不如面部表情丰富，却能在很多时候为游客留下深刻的印象。如在接待老年游客时，在讲到某些老年人非常关心的话题时，挽胳膊等肢体接触能拉近游客与讲解员之间的距离，还能让同行的游客感受到讲解员有温度的人性化服务。

另外，乡村旅游讲解员还需要注意自身仪态的控制。不同于前文提到的面部表情和肢体语言，乡村旅游讲解员良好的仪态更多地体现为一种积极向上的精气状态，这是乡村旅游讲解员精神风貌的直观体现。例如，一名优秀的乡村旅游讲解员在接待游客时，无论游客是什么身份，他在举手投足间都能给游客留下优雅大方的印象。

因此，从表演的角度来看，乡村旅游讲解员不仅需要科学地去认识乡村旅游讲解工作中涉及的理性因素，还需要从感性角度做好表达。只有达到理性与感性的平衡，对理性因素和感性因素进行恰当的控制，才能够更为全面地演好乡村旅游讲解员这一职业角色。

第四节　乡村旅游讲解员的表演方式

乡村旅游讲解员作为近年来新兴的一类职业，区别于传统意义上的导游。这对乡村旅游讲解员的知识结构、职业素养提出了更高、更新的要求。只有多才多艺、说学逗唱样样精通、口齿伶俐、知识渊博、涉猎广泛的全能型人才才能够在游客需求越来越多样化的今天做好旅游讲解工作。

一、哼民族歌

在人类交往的过程中，音乐作为一种没有界限的沟通语言，常常被用来作为拉近人与人之间距离的手段。民歌是音乐中的一种，它是由某个民族创作的、带有自己民族风格特色的歌曲，在某种意义上，民歌本身就是当地人文的真实写照。音乐家舒曼曾说，我们要留神细听所有的民歌，因为它们是最优美的旋律的宝库，它们会打开我们的眼界，使我们注意到各种不同民族的性格。这揭示了民歌本身所蕴含的独特的地域属性。

　　乡村旅游讲解员在接待游客的过程中，可适当地哼唱当地特色歌曲，这对于调动游客的积极性、加深游客对当地文化的了解有积极意义。因此，选用合适的特色歌曲对于乡村旅游讲解员来说便是准备工作中的重要内容。例如，常熟处于我国江苏省苏州市，因土壤肥沃、农业灾害少而得名"常熟"，史称"虞"。常熟古城已有1700多年的历史，是我国知名的旅游景点。在初次见到游客时，为活跃氛围，一名擅长唱歌的乡村旅游讲解员可发挥长处，用一首歌作为解说的开场白。那么，是唱流行歌曲《小苹果》，还是唱一首富含本地特色的《常来常熟》？显然，《常来常熟》这首歌更有感染力，也更符合场景需要。闻名全国的红色旅游景区沙家浜也位于常熟。如果讲解员在为游客讲解时唱一段京剧《沙家浜》，就可以让游客更好地了解常熟这个城市的前世今生，对这个城市留下更加深刻的印象。

　　在一些少数民族地区，民歌是人们沟通交流、表达感情的重要工具。很多时候，在一些发展相对成熟的旅游示范景区，常常出现歌手演唱、游客跟唱的情景，这种互动性的演唱能极大地调动游客的积极性。他们唱的多是一些大众熟悉的民歌或山歌，因此具有较强的随意性和即兴性。其中最具有代表性的，是一些少数民族地区旅游景点中类似"山歌节"的对唱环节，如壮族的"三月三"、西北回族的"花儿会"等，这些都是歌唱性节日。在壮族的"三月三"，人们通过搭建实景，模拟重现了电影《刘三姐》中的对唱场景，以此作为卖点来吸引游客。另外，还有一些景区会在某些特定地点开展对歌活动，湖北恩施地区的"女儿会"结婚仪式最为典型。除此以外，在我国黔东南的榕江县车江大坝景区、从江岜苗寨、高增侗寨、银坛侗寨等多个旅游景点开发的迎宾仪式中，唱拦路歌、喝拦路酒、邀请游客以贵宾身份加入宴席等，都使用了当地的民歌。

　　对于乡村旅游讲解员而言，用民歌向游客传播当地的特色文化具有重要意义。乡村旅游讲解员要充分利用民歌素材，在推动当地旅游业发展的同时，使民歌传播得更远。

二、走情怀路

　　带有强烈情怀标签的乡村旅游景点更容易激发一部分游客内心深处的情感共鸣。因此，在乡村旅游项目的设定上，我们需要多从游客的需求出发，帮助游客在旅游中寻找他们来到此地的"初心"。位于河南省漯河市临颍县的南街村就做出了很好的示范。近年来，南街村借助以人文景观为特色的高质量发展小社区这个标签，短短几年便形成了以文化园区、工业园区、高新农业园区、村民住宅游览区、文化教育游览区、广场文化展示区、珍奇植物园区和革命传统教育区八大观光内容为一体的红色旅游景区。

在同样宣扬红色旅游文化的湖南省韶山市铁皮村，4D实景演出《中国出了个毛泽东》已经成为当地的一张名片。在演出开始之前，全场灯光变暗，仅有一名身穿五四时期学生制服的工作人员借着一缕光，要求大家全体起立，全场齐唱《义勇军进行曲》。这种极富主题特色的开场方式，使得游客在演出还未开始的时候就能感受到浓厚的红色氛围。旁白缓缓诉说甲午战争、八国联军侵华、签订《马关条约》和《辛丑条约》等一系列屈辱的历史，大批青年学生出现在舞台上。演出包括"安源煤矿""秋收起义""万里长征""民族抗争""扭转乾坤""开国大典"六个篇章，从工人运动到新中国的诞生，一步一步地将游客拉回到属于毛泽东的那个传奇年代。在最后一幕，游客们在演员的带领下齐唱《东方红》："东方红，太阳升，中国出了个毛泽东……"此时，游客的情绪到达高潮，演出现场响起经久不息的掌声。

怎样做一名优秀的红色旅游讲解员

三、唱传统曲

唱曲，主要指的是吟唱民间小曲。民间小曲一般指流行于城镇集市的民间歌舞小曲。经过人们的传唱和加工，民间小曲具有结构均衡、节奏规整、曲调细腻等特点。民间小曲包括弹词、鼓词、相声等不同门类，从属于民间曲艺范畴。近年来，随着大众传媒的兴起，一系列优秀的传统艺术得到了人们的重视和青睐。党的十八大多次强调中华优秀传统文化的思想内涵、道德精髓、现代价值以及传承理念。其实，传统文化是人类文明的精华，是未来中国发展的重要组成部分，是中华民族赖以生存和发展的根基，是国家兴旺发达的精神支柱，是华夏儿女智慧和精华的积淀，是炎黄子孙的骄傲，是中华民族的灵魂。在宣扬文化自信的如今，在乡村旅游讲解中注入传统文化是响应时代号召的必然举措。

四、奏地方乐

2016年，某歌手与华阴老腔的民间老艺术家们合作的一首《华阴老腔一声吼》震动全球，让老腔经过多年沉寂后再次进入大众的视线，这首歌一度被称为中国摇滚与民间传统艺术融合的典范。"八百里秦川，千万里江山，乡情唱不完，故事说不完，扯开了嗓子，华阴老腔要一声喊，伙计，哎，抄家伙。"这群老艺术家用陕西方言喊出了豪迈，他们还用自己加工的月琴、大锣、惊木、干鼓、梆子、板凳等乐器，通过大力地敲击，瞬间就把我们带到了那片豪迈的黄土地。

众所周知，音乐带有一定的律动感，能快速将人们带入同等频次的氛围之中。巧妙地运用一些当地特色乐器，对乡村旅游讲解员来说也有一定的启发意义，这能展现乡村旅游讲解员的个人魅力。在乡村旅游讲解员接待游客的过程中，不论是在室内还是在室外，或是旅游车行进途中，当地乐器演奏无疑是激起游客兴趣的一大项目。因此，乡村旅游讲解员要结合自身优势，通过乐器演奏吸引游客。例如，在山东枣庄，景区在乡村旅游讲解员培训课程中，就加入了富含当地特色的快板内容。

经过多方努力，如今，山东枣庄的乡村旅游讲解员快板表演已经成为知名的项目，也成了当地旅游业的一个标签，还登上了枣庄市台儿庄区春晚的舞台。

同样将乐器作为讲解方式的还有位于云南省的金平苗族瑶族傣族自治县，乡村旅游讲解员通过三弦、巴乌以及笛子等富含当地少数民族特色的民族乐器，向游客讲解当地特有的习俗文化。游客能直观地与乐器近距离接触，切身体会当地的习俗文化。

总之，将乐器作为讲解员向游客展现当地文化特色的一种工具，是一种创新的方式，它打破了以往导游一人一话筒的传统方式，使得讲解活动变得更加立体。游客也可以在感受乐器魅力的同时，自然地融入当地的氛围之中，深化对当地文化的独到见解。

五、跳特色舞

旅游作为人类的一项社会活动，通俗意义上指的就是人从一个地方到另外一个地方生活。由此可见，文化交流是旅游文化的核心所在。在很多旅游景区，借助视觉效果突出的服饰、素质不断提升的演员队伍、绚丽多姿的舞台效果，旅游文化表演吸引了越来越多的游客。如何更好地在旅游文化表演中将当地厚重的文化底蕴、地方真实的文化特色表现出来，是乡村旅游讲解员需要探究的内容。

例如，湖北省博物馆存放的曾侯乙编钟是镇馆之宝，它是湖北省博物馆的标示性文物。湖北省博物馆的讲解员们便借此专门举办"千古绝响——曾侯乙编钟演奏会"，通过呈现编钟的演奏，配合舞者的演出，瞬间便可以将游客带入距离现在几千年的战国时代，游客能体会战国时代王侯将相的娱乐方式，对这个时代有更加深刻的理解。演奏会的讲解员也都经过专业培训，他们能引经据典，介绍编钟编磬的摆放位置和舞者舞步的风格处理。

舞蹈艺术具有认识功能、教育功能以及审美功能。这和乡村旅游讲解有共通之处。在乡村旅游讲解中巧妙地融入当地的特色舞蹈元素，便可以更好地将讲解与当地特色舞蹈融为一体，以此吸引游客。例如，位于山东无棣县的黄河三角洲生态文化旅游岛，作为我国休闲农业与乡村旅游五星级示范基地，便属于将舞蹈和旅游文化较好融合的成功典范。该景区每年都会举办大型篝火晚会，为了更好地吸引游客，也为了加强游客的体验感，所有的讲解员会参与舞蹈的策划和演出。在演出开始时，景区大门两侧会有两名手持方天画戟的武将，景区内的工作人员，包括开摆渡车的司机、小卖部的老板以及讲解员，都会身着戎装，为游客创造沉浸式的场景，带领游客穿越回秦汉年间。当游客来到广场，便能看见50余名身着铠甲的士兵，他们身姿挺直，气宇轩昂，吼声震天，生动地还原了秦汉年间的战争场面。令人振奋的表演赢得了游客阵阵热烈的掌声，游客纷纷拿出手机和相机来拍照、录像，这一举动也在无形中对景区进行了宣传。

综上所述，在乡村旅游讲解员的培训中，我们可以大胆创新，将乡村旅游讲解员的讲解工作和表演结合起来。由于相关资料有限，以上内容皆为笔者在研究了表演学的相关文献后，将表演与讲解融合，并总结以往的实践经验而撰写的。笔者更多的是站在表演学的角度去研究乡村旅游讲解员如何去演这个问题。笔者期望，通过这种学科融合，我们能探寻表演与乡村旅游讲解之间的共性，以达到培养更高素质的乡村旅游讲解员的目的。

本章小结

　　本章聚焦乡村旅游讲解员的表演素养。笔者认为，乡村旅游讲解员要具备表演意识，掌握适宜的表演技巧，在讲解中加强理性控制和感性控制。乡村旅游讲解员可以尝试五种表演方式：哼民族歌、走情怀路、唱传统曲、奏地方乐、跳特色舞。这些能够丰富乡村旅游讲解员的讲解方式，增强游客的体验感和参与感。

课后小结与复习题

乡村旅游讲解员的表演素养

第九章
乡村旅游讲解员的营销素养

乡村旅游景区多设立在拥有名胜古迹或自然环境优美的农村地区，其环境和服务秩序的维护需要消耗大量的人力、物力、财力。在国家实施乡村振兴战略的大背景下，乡村旅游讲解员需要在讲解中推销相关旅游产品和项目，提升乡村旅游形象，强化服务特色，通过带动更多的消费来支撑乡村旅游景区的正常运营，助力乡村振兴。

乡村旅游讲解员需要在了解乡村旅游市场需求、熟悉乡村旅游营销现状与问题的基础上，掌握乡村旅游营销技巧，从营销组合（4Ps）的角度，即产品设计、价格制定、渠道策略、促销推广四个方面提高营销素养。

第一节 了解乡村旅游市场需求

一、乡村旅游市场的主体分析

我国乡村旅游市场的目标客源主要是城镇居民。因此，我国乡村旅游市场长期受城镇居民人口数量、居民收入和闲暇时间及其变化趋势的影响。

我国在历史上就一直是一个人口大国。2020年，全国人口共141178万人。其中，居住在城镇的人口为90199万人，占63.89%。与2010年相比，城镇人口比重上升14.21个百分点。随着我国城镇化步伐的加快，这一比例还有可能不断上升。改革开放以来，生活条件明显改善的城镇居民对旅游的需求越来越强烈。乡村旅游正好能满足城镇居民的这一需求。

在我国经济实现高速增长的同时，城镇居民的收入水平也大幅提高，根据马斯洛的需求层次理论，当人们的基本生理需求得到满足之后，人们对于探索未知的需求就会变得越来越强烈。旅游正好能满足人们的这一需求。乡村旅游以其独特的自然地貌和民风民俗吸引了很多城镇居民。

此外，城镇居民闲暇时间的增多也使得我国国内乡村旅游消费需求变得旺盛起来。城镇居民的出游表现出了"周边强，长线弱"的总体趋势，即周边游市场出游的人次显著好于长线游。具体而言，两天一晚的周末周边休闲度假需求旺盛。在周末，周边自驾、主题公园、综合度假区、动物园、海洋馆等都是城镇居民比较热衷的选择。有的地方还出现了"48小时"微度假的新概念。由此，我们可以推断，在我国，乡村旅游会迎来更好的发展契机。

二、乡村旅游的市场细分

以城镇居民为主要客源的乡村旅游景区需要做好市场细分。我们可以将乡村旅游游客分为以下几类。

正如前文提到的，闲暇时间的增多使人们对旅游心生向往。这里主要指的就是城镇的工薪阶层。城镇交通便利，客观上为旅游创造了便利的条件。经济的发展使工薪阶层拥有了越来越可观的经济收入，每周两天的闲暇时间也使得工薪阶层拥有了足够多的时间去乡村旅游。乡村旅游以其乡土性和未知性，也吸引着越来越多的城市工薪阶层加入乡村旅游队伍中来。因此，靠近乡村旅游景区的工薪阶层就成为乡村旅游最重要、最稳定的客源，市场发展潜力巨大。

在强调全面发展的今天，城镇学生拥有了更多的时间去广袤的乡村进行素质拓展。乡村旅游也以其丰富的乡村文化满足了城镇学生求知求新的愿望。如今，越来越多的学生走进乡村，去体会与城市生活迥异的乡村生活，在乡村中收获不一样的快乐体验。乡村旅游景区应该针对性地开发一些适合城镇学生研学的旅游项目，寓教于乐，让学生在旅游中收获书本上学不到的知识。

近几年，以家庭为单位的出游越来越多。很多人会利用各种假期，把子女带到乡下，带子女观赏独具特色的乡村风光，体验乡村独有的生活方式。

在城镇中，有一些私营工商业主相对比较富裕，他们去乡村旅游的目的是体验乡村美好的风光，从而放松紧绷的神经。

很多老年人渴望回归自然，感受田园风光，乡村旅游就是不错的选择。其实，旅游是老年人重要的休闲方式，也是其基本的生活权利。健康的老年旅游文化氛围，是老年人精神文化需求和旅游需求的寄托，也是社会精神文明高度发展的重要形式和体现。目前，我国老年旅游市场需求巨大，2018年老年游客的平均出游时间为5天，人均消费超过3600元，老年旅游消费已经是一个万亿元的市场。我国已经初步形成了一批老年旅游目的地和线路产品，乡村旅游就是其中重要的旅游业态。目前，我国城镇居民中的老龄人口大部分来自农村，他们对农村有着血脉相连的感情，他们中的很多人有亲戚在农村生活，他们享受那种回味过去的感觉。

我国历史悠久的传统文化对于国外游客始终有着强大的吸引力。随着我国对外开放的逐步深入，越来越多的外国人涌入中国，来感受中国美丽的风光和灿烂的文化。乡村旅游中独特的田园风貌和农耕文化吸引了很多外国游客的关注，越来越多的外国游客出现在了我国乡村旅游景区。

三、乡村旅游需求的特点

我国学者已经对乡村旅游需求进行了比较深入的研究。结合前人的研究成果，笔者将乡村旅游需求的特点总结为以下四点。

1. 回归自然

如今，我们的城市变得越来越拥挤，越来越喧嚣。城市里的人，面对巨大的生存压力，需要寻找释放的出口。很多人向往乡村，渴望重新回归自然。乡村旅游可以此为突破口，为城市居民亲近自然、享受自然提供便利。

2. 求新求知

许多长期生活在城市的人，缺乏对乡村的基本了解。尤其是在城市成长的少年儿童，他们对农村、农事和大自然非常陌生。乡村旅游景区各种独特的设施和淳朴的民风能吸引城市居民到乡村旅游，满足他们求知求新的需求。

3. 怀旧情结浓重

在我国特殊的历史背景下，城市中的很多人都有在农村生活的经历，他们或者在农村长大，成年后在城市成家立业，或者年轻时在农村当过知青。他们与农村、农民发生了或多或少的直接、间接的关系。这部分人喜欢追忆过去，渴望重新感受那种田野风情。

4. 主动参与意识增强

很多城市居民越来越期望能够主动参与乡村旅游活动。传统意义上的沿途观光已经无法吸引他们，充满参与感的活动不仅能使这些游客欣赏独具特色的乡村风光，还能使他们参与到采摘果实和干农活等活动中。参与感的增强也能使游客对乡村旅游活动留下更加深刻的印象。

第二节 理解乡村旅游营销的现状与问题

乡村旅游营销在实践中不断发展，同时也面临一些亟待解决的问题。这些问题主要表现为如下几点。

一、产品开发项目单一，多为粗放型经营

目前，我国乡村旅游的主体方式是观光旅游，这导致丰富的农业旅游资源未得

到充分的开发与利用，旅游活动的形式过于单调，这一点在春季赏花、秋季摘果的传统乡村旅游模式中表现得非常明显。乡村旅游供给尚处于卖方占主导地位阶段，这导致部分乡村旅游景区的开发者片面追求经济效益，突出的表现是乡村风土文化的保护意识欠缺，不少开发者在乡村旅游开发中盲目追求大拆大建，用人工城市化破坏了乡愁、乡情、乡音，或者简单地将乡村旅游景区乡愁、乡情、乡音的卖点归结为"吃农家、住农家"，乡村旅游普遍规模小、品牌意识淡薄、产品形式单一、缺乏特色。此外，还有一些景区忽视游客满意度、旅游形象塑造和长远发展规划，在旅游项目开发中缺乏创新，部分文化品位和乡村不匹配的旅游产品更是损害了乡村旅游景区的形象，从而大大影响了乡村旅游的可持续发展。

二、旅游产品重复性现象明显，质量和特性有待加强

目前，乡村旅游产品以"农家乐""农家采摘""生态观光"为主线，我国大部分乡村旅游景区的旅游产品基本雷同，缺乏地方特色。乡村旅游产品质量较差，缺乏商业包装。这导致部分乡村旅游经营者主要通过低廉的价格应对激烈的竞争，有的经营者甚至相互拆台。乡村旅游产品的质量和特点仍处于较低水平，形成了恶性循环。

三、营销意识不强，营销手段落后

目前，消费者对乡村旅游的理解主要局限于一顿味道可口的"农家宴"、一段走马观花式的乡村观光、一次"自己动手，丰衣足食"的农家采摘等形式单一的旅游活动，忽视了乡村中的风俗民情、文化传统等旅游要素，并没有真正体验农家生活，也没有真正参与农事生产活动。消费者的消费行为停留在浅层次，他们对乡村旅游的内涵和意义认识不够深刻。

四、消费引导不到位，脱贫未富民

消费引导不到位是我们很多乡村旅游景区都存在的问题。这突出地体现为我国乡村旅游活动中尚未形成体系的营销模式。很多地方的乡村旅游经营者和从业人员以当地农民为主，他们文化水平较低，缺乏系统的营销理论和知识，致使乡村旅游营销缺乏体系，营销方式缺乏新意，营销效果差强人意。多数乡村旅游项目由当地农民管理，服务人员由当地留守人员构成，粗放经营，服务意识有限，使乡村旅游景区形成了"轻管理、低质量、低收入"的恶性循环。个别走向规范经营的田园综合体、乡村度假村等，在旅游淡季维护优质人才队伍也是不小的经营负担。脱贫未富民，低收入循环难破。

为此，我们需要在乡村旅游营销中挖掘乡村文明和乡土文化，依托乡村的自然资源、产业基础、历史文化，打造"一村一品""一村一业"错位发展模式；建立乡村旅游标准体系，确立农家乐、民宿、田园综合体等主要乡村旅游业态的建设技术标准、管理标准、服务标准，以及开展乡村旅游的环境保护标准、生态治理的技术

标准、开发设计标准、效益评估标准等；在乡村旅游经营中引入职业经理人制度，形成"村集体＋专业公司＋农户"的开发主体，增强农民参与乡村旅游的自愿性，使其能够参与决策并分享相应收益。在政府层面，要搭建乡村旅游联盟机制框架及网络平台，加大乡村旅游公共服务投入力度，创建多渠道，为淡季乡村旅游推广引流，推动区域乡村旅游高质量发展。

第三节　乡村旅游营销技巧

20世纪60年代，美国学者佩罗特和麦卡锡出版了《营销学基础》。它为现代营销学构建了基本框架，从而开创了营销领域大学教学和训练方法的先河。佩罗特和麦卡锡在《营销学基础》中指出，市场营销组合是指企业根据目标市场的需要，全面考虑企业的任务、目标、资源以及外部环境，对企业可控制因素加以最佳组合和应用，以满足目标市场的需要，实现企业的任务和目标。佩罗特和麦卡锡研究了企业如何运用可以控制的各种市场营销手段，使其与企业不可控制的外部环境相协调，以实现企业的预期目标。佩罗特和麦卡锡在著作中将这些变数归纳简化为四个基本变数，即产品（product）、价格（price）、推广（promotion）、渠道（place），由于这四个词的英文都以字母p开头，再加上策略（strategy），所以简称为"4Ps"。在中国，人们习惯将其称为4P营销理论。

对于产品策略、定价策略、渠道策略、促进销售策略的研究，构成了市场营销活动研究的四个重要方面。这部分内容相当丰富，是市场营销学基本原理的具体应用。菲利普·科特勒在1967年出版的《营销管理：分析、规划与控制》中确认了4P营销理论要素模型。自此以后，4P营销理论迅速从美国传播到世界的各个角落，很快成为世界各个国家几乎所有营销课程的理论基础。国内对4P营销理论的研究和实践也在各个领域开花结果。我们认为，旅游营销也可以从中汲取养分。接下来，笔者将运用4P营销理论来分析乡村旅游营销中的技巧。

一、乡村旅游营销之产品技巧

乡村旅游讲解员要对乡村旅游产品要有系统的认识，了解其内涵、现状与问题。

（一）乡村旅游产品的内涵

乡村旅游产品是综合性产品，它包括为乡村旅游者提供的交通、住宿、美食、购物、观光、娱乐等各类产品。目前学术界并没有形成统一的乡村旅游产品概念。研究视角不同，学者们对乡村旅游产品的定义也不同。例如，有学者从旅游市场学视角，将乡村旅游产品分为"核心产品层""形式产品层""附加产品层"三个层级，其中，核心产品层是指乡村特有的风景、历史文化等，形式产品层是指乡村的手工艺品、休闲活动等，附加产品层是指乡村提供的服务等；也有学者认为，我们需要将旅游产品分为整体旅游产品和具体旅游产品，整体旅游产品是指旅游业各部门通过合作提供给游客的一次完整的旅游活动，而不是具体旅游产品的简单加总，具体旅游产品是指旅游业各部门为满足游客需求，为游客提供美食、住宿、出行、出游、购物、娱乐六个方面的具体旅游产品。因此，我们认为，乡村旅游产品是以乡村周边景观、乡土文化为基础进行开发，从而吸引城市游客参与乡村旅游，并为游客提供观光、体验、购物等一系列需求和服务的一种复合型旅游产品。

（二）乡村旅游产品的设计技巧

从乡村旅游的本质来看，体验是乡村旅游的核心属性之一。乡村旅游的本质是向游客提供一种或多种体验和经历，为游客提供认识乡村、体验乡村生活、品味民风民俗的机会。从乡村旅游者的需求来看，他们已不再满足于走马观花式的农业观光游，更追求的是参与性的体验，他们渴望通过参与互动，加深与乡村文化的交流与沟通。在乡村旅游者购买乡村旅游产品时，体验已经成为重要的衡量标准。从乡村旅游产品的发展现状来看，乡村旅游景区对自然生态景观、农业生产、采摘活动、乡俗节庆活动仍有极强的依赖性，这导致的结果是乡村旅游产品同质化严重。因此，乡村旅游经营者，包括乡村旅游讲解员，必须深入研究游客对体验的需求，将体验营销的思想运用在产品的开发和设计中，提升乡村旅游产品的竞争力，以吸引旅游者并增强其忠诚度。在开发和设计乡村旅游产品时，我们可以从以下方面做出突破。

1. 整合多种感官刺激

感官式体验即通过视觉、听觉、触觉、嗅觉建立起感官上的体验。体验涉及的感官刺激越多，对人而言就越难忘。乡村旅游景区通过刺激游客的视觉、听觉、触觉与嗅觉，使游客拥有感官上的体验。例如，通过营造田园诗意的乡村景观，让游客可以听到乡村特有的鸡鸣、犬吠、鸟唱、蛙鸣、虫叫等，在景区开发中注重环境保护，利用原生态的乡村景观刺激游客的视觉和触觉，利用花香、果香、泥土的清香刺激游客的嗅觉。景区在整合各种感官刺激的同时，能让旅游者充分参与其中，为其留下难忘的体验。

值得一提的是，在各种感官刺激中，色彩视觉是最主要的体验。研究表明，人对一种产品形成第一印象时，色彩的影响约占60%，在视觉的穿透力方面，最强的是红、绿、黄色。视觉刺激能紧紧地抓住游客的注意力，引导游客用眼睛和心灵去体验乡村美景和氛围。在乡村旅游开发中，我们要注意四季景观的变化。例如，植物是乡村中具有生命活力的构成要素，随着植物物候的变化，其形态、色彩、景象等表现各异，从而引起乡村风景的季相变化。因此，在植物配置时，我们要充分利用植物物候的变化，通过合理的布局，打造富有四季特色的乡村艺术景观。在进行规划设计时，我们可采用分区或分段配置树木，以突出某一季节的植物景观，形成不同的季相特色，如春花、夏荫、秋色、冬姿等。在主要景区或重点地段，应做到四季有景可赏；在以某一季节景观为主的区域，也应考虑配置其他季节植物，以避免一季过后景色单调或无景可赏。

乡村旅游景区的视觉景观设计要突出乡村景观特色，注意体积、色彩、大小、材质等视觉审美要素给人的心理感受，比如，在设计建筑时，要尽量运用当地的竹子、木材、石料、藤类等自然材料，色彩要与环境协调，杜绝垃圾、污水、厕所卫生差等"视觉污染"。景区的景观建筑和游乐设施应该协调一致，相得益彰。除了建筑的外观形态之外，暴露在游客视觉内的所有硬件设施，如游客休息的长凳、宣传栏等，也需要起到为主题服务的作用，达到与周围环境协调一致的效果。

另外，听觉、触觉、味觉和嗅觉也是感官刺激的重要组成部分，都会对旅游者的体验产生重要的影响。将它们有效地进行整合，有助于旅游者形成难忘的旅游体验。

2. 满足游客多种情感诉求

情感式营销策略就是通过各种营销活动，为消费者创造情感方面的体验，从而诱发、触动消费者的内心感受，促进消费者的购买行为。情感式营销的核心是站在消费者的角度考虑问题，密切关注消费者的需求，引导消费者的情感，为消费者提供他们真正满意的产品和服务。对于能满足自身实际需求的产品和服务，消费者会产生积极主动的情绪和情感，从而做出购买和消费行为。

在乡村旅游中，亲近自然、远离喧嚣、放松心情、奉献爱心等，都可以成为乡村旅游景区情感式营销的出发点。在旅游过程中，乡村旅游讲解员通过触动消费者的内心情感，创造积极的情感体验，使消费者自然地融入情景。比如，在一些农耕文化园、农业博物馆等，乡村旅游讲解员可以展示和再现几十年前的农耕器具和场景，对于来自城市的旅游者特别是老年游客来说，这能刺激他们回忆童年生活，为旅游营销做好铺垫。

3. 引导游客思考探究

在市场营销学中，思考式体验指的是通过开发消费者的智力，创造性地让消费者获得认识和解决问题的体验。思考式体验以创意的方式引发消费者对问题的兴趣和思考，让消费者获得认识和解决问题的体验，从而获得成就感。乡村旅游讲解员在讲解过程中，可以将知识性、科学性、趣味性融为一体。比如，可以在乡村旅游景区布局农田、瓜果园、花圃、动植物饲养场等区域，使游客身临其境，感受真切的田园风光和乡村生活，也可以布局展示特色农业生产景观和经营模式的示范区，向游客传授系统的农业知识，使游客增长知识。在一些高科技农业观光园内，乡村旅游讲解员可以对大棚蔬菜、花草树木、昆虫、家禽等进行生长知识介绍，激发游客尤其是青少年游客的兴趣，激活其思考和探究的欲望。

在这一方面，位于江苏苏州城区的旺山生态园做出了很好的示范。旺山生态园处于天然山林环抱之中，是一处山林植被、农业生态、田园村落、历史古迹保存良好的田园梦乡。旺山生态园充分利用茶园、葡萄园的现有资源，开辟游客通道，在满足游客采摘需求的同时，向游客传授农产品种植技术，达到了启发游客思考探究的目的。

4. 鼓励游客参与互动

乡村旅游景区在空间布局上，要最大限度地吸引游客参与的兴趣，营造游客能深入其中的乡村生活空间。例如，可以打造适宜开展采摘活动的果园，适宜游客参观并动手参与的乡村工艺作坊、乡村集市，还可以引导游客参与农耕活动，带领游客学习农作物种植技术、农家产品加工技术以及农业经营管理等，带游客体验乡村生活，让游客一边游玩，一边体验劳动过程。一些乡村旅游景区组织开展新村新貌和特色产业参观体验、农业DIY、农耕体验等丰富多彩的乡村旅游活动。乡村旅游讲解员边讲解相关的文化起源、风俗特点、操作方法和技巧等知识，边让游客亲自参与乡村生活、生产的某一过程，鼓励游客住农家院、品尝农家饭，感受浓浓的乡情和纯朴的民风。游客还可以自己下地种植或采摘瓜果、自己动手制作农副产品等，切实体验劳动的艰辛和创造的喜悦。

二、乡村旅游营销之定价技巧

随着互联网的普及，人们能够越来越熟练地开展网络购物。在这一背景下，价格越来越趋向于透明化，合理的定价对于乡村旅游业发展具有重要影响。价格在一定程度上决定着旅游经营者和游客双方能够实现成功交换产品使用价值和价值，也直接影响着乡村旅游讲解员的营销目标能否实现。

在乡村旅游景区，常用的定价方法有以下五种：生命周期定价法、差别定价法、成本导向定价法、需求导向定价法、捆绑定价法。乡村旅游讲解员在参与产品定价时，可参考这些方法，综合考虑不同影响因素，灵活使用其中一种或多种定价方法，最终实现营销目标。

（一）生命周期定价法

在传统营销中，比较常用的定价方法是生命周期定价法和差别定价法。前者是将产品生命周期概念应用于产品品牌和产品形式。产品在市场中有四个不同的产品发展阶段，分别是投入期、成长期、成熟期、衰退期。在产品发展的这几个不同的阶段中，消费者对价格、价格变化和价格差异的敏感度是不一样的。

（二）差别定价法

差别定价法是指企业在产品销售过程中，以不同的价格来推销产品的定价方法，企业经营者根据消费者认知价值的不同，对同一个产品做出差别定价。这种根据不同消费者的购买愿望和购买能力实施有差别的定价方法，能够改善企业产品总体价格，获得最大收益。

（三）成本导向定价法

这是企业以产品成本为中心的生产方导向定价思路。其目标是在不亏本的情况下获得尽可能高的利润。成本导向定价法通常包括成本加成定价法、边际成本定价法、盈亏平衡定价法（又称保本定价法）和目标利润定价法等。成本导向定价法的缺点在于，它仅仅从生产方的角度制定价格，忽视了市场需求和市场竞争，因此所制定的价格可能偏离消费者对产品价值的感知，也可能不利于企业发挥竞争优势。

过去，在一些乡村旅游景区，景区经营者对旅游产品的价格起着决定性的作用，他们更多关注的是旅游产品的成本及利润，会根据产品的成本及预期达到的利润进行定价。随着我国旅游业的快速发展，旅游竞争日趋激烈。尤其在目前的乡村旅游景区中，旅游产品同质化现象严重，很多景区缺乏可供游客参与的娱乐休闲设施，游客体验感和参与感不足。传统定价策略的弊端逐渐显现，人们对于低价同质的乡村旅游产品慢慢变得厌倦起来，他们越来越重视旅游质量，传统定价策略越来越不能满足游客的现实需要。

（四）需求导向定价法

和成本导向定价法不同，需求导向定价法更多的是基于市场需求、消费者价格敏感度来进行定价。随着社会经济的发展，企业产品定价策略越来越偏向市场需求，消费者对价格的诉求对企业产品定价的影响也越来越大。

在旅游行业，从某种意义上来说，消费者需求的变化直接影响了旅游产品的定价。乡村旅游产品定价也应该适应市场需求，通过市场调查、观察总结等方式，找出客户的心理预期价格，再根据供需关系，制定出合理的淡季价格和旺季价格。在旺季，可适当提高产品价格，在淡季，可给予一定的优惠吸引游客。乡村旅游景区可推出多种组合式、套餐式价格策略，吸引不同消费群体，增强旅游产品的竞争力。一般情况下，需求弹性大的乡村旅游产品受价格波动影响大，乡村旅游景区在制定该类产品的价格时，要根据历史成交数据，适当降低价格，以达到吸引游客的效果。对于需求弹性小的乡村旅游产品来说，市场需求对于价格的影响不大，因此可适度采用高价策略，如乡村高尔夫球场等。

（五）捆绑定价法

捆绑定价法，也叫价格捆绑策略或捆绑价格策略，是指将两种或两种以上的相关产品捆绑打包出售，并制定一个合理的价格。在旅游行业，捆绑价格是旅游企业将单个旅游产品成套组合，并为该组合产品制定小于单个产品价格之和的价格。随着我国乡村旅游市场竞争激烈程度逐渐提高，捆绑定价法成为我国乡村旅游景区普遍采用的一种定价方法。根据市场的不同特征，经营者采用有针对性、有竞争力的定价方法，这种定价方法往往表现为旅行社的包价，包价一般有折扣力度大、价格低、促销力度大等特征。为了提高旅行社对乡村旅游景区的推广力度，目前很多乡村旅游景区尝试给予旅行社某些价格折扣。这可以吸引规模较大的旅行团，扩大旅游产品的推广力度，提高产品的知名度。例如，位于江苏苏州的周庄古镇于1995年对该古镇内的所有景区进行整合，将所有景区景点捆绑在一张门票上，集体打包推向市场，这种做法在当时获得了极大反响，取得了很好的效果。

三、乡村旅游营销之渠道技巧

营销渠道对乡村旅游企业来说非常重要。一个畅通无阻的营销渠道能够有效地帮助乡村旅游景区开发有针对性的宣传活动，也能帮助游客及时收集旅游景区的信息和有价值的游览建议。在营销渠道方面，乡村旅游景区可以从以下几点做出尝试。

（一）联合政府、企业、社区的力量

政府、企业、社区在乡村旅游发展中扮演着不同的角色。因此，有必要整合政府、企业和社区的力量，形成合力，进一步推动乡村旅游的发展。乡村旅游发展要遵循政府主导、企业运营、社区参与的原则。

政府要大力构建乡村旅游信息化服务平台，加强乡村旅游市场的宣传推广，发挥政府作为权威信息渠道的作用，充分利用各种政府活动进行市场推广。同时，政府要加强对乡村旅游景区的扶持和服务，研究制定乡村旅游发展的投资、税收、用地、质量、管理等政策体系，创造良好的环境，多渠道、多方式筹集乡村旅游发展资金，协调各部门为乡村旅游发展提供全面服务，建立和完善乡村旅游基础设施，如改善公共交通条件、环境卫生条件等。

具体到乡村旅游资源开发、项目投资和产品促销上，需要以企业为主体，充分发挥企业资金、技术、经营和管理的优势。企业要研究分析乡村旅游目标客源市场，了解其分布、动机、行为、需求偏好等，根据乡村旅游市场需求的特点，大力开展适应乡村旅游特点的口碑传播、网络营销等宣传促销活动，加强与旅行社、社会团体、学校等的联系，加强与相关旅游产品提供商的合作，树立乡村旅游口碑。

乡村旅游讲解员要充分利用这些渠道，成为乡村旅游宣传大使，积极走出去，在不同的渠道和媒体推广乡村旅游，进一步提升乡村旅游景区的知名度和美誉度。同时，乡村旅游讲解员要利用其知识和经验优势，树立环保观念，学习旅游服务技能和管理经营方面的知识。在围绕乡村民俗举办的乡村旅游节庆活动中，乡村旅游讲解员要协助扩大社区参与的程度，强化社区居民的文化认同感和自豪感，提高他们的服务意识和服务技能，共同塑造乡村旅游服务共同体。

（二）整合广告、公关等营销渠道

目前，乡村旅游的营销渠道比较传统、单一，很多乡村旅游景区依靠旅行社、熟人介绍吸引游客，营销的主动性、系统性不足。和其他产业一样，旅游业也需要促销和推广，但它的促销和推广方式又有别于其他产业。在宣传渠道方面，要做到多样化，积极整合广告营销、公关营销、节庆营销等多种方式。

在广告营销中，要注重广告宣传的创意，利用国内主要城市的主流和强势媒体进行重点宣传，还可以编印各类充满乡土气息的旅游宣传画册和杂志等。同时，优秀的乡村旅游讲解员可以担任乡村旅游形象大使，配合旅游景区进行宣传。

在公关营销中，乡村旅游景区要充分利用各种公开活动、会议等进行市场推广，乡村旅游讲解员可在现场进行解说。例如，2010年3月，苏州吴中区旅游推介团走进北京，举行了洞庭山碧螺春茶文化旅游节（北京）推介会，邀请北京游客品洞庭碧螺香茶、游吴中太湖山水。苏州吴中区旅游推介团抓住2010年上海世博会为吴中环太湖旅游创造的机遇，围绕"太湖旅游世博年"这条主线，充分宣传"世博在上海、旅游到苏州、休闲来吴中"。

在节庆营销方面，乡村旅游景区可以将其特有的人文旅游景观同我国传统节日联系起来，举办大型节庆活动，既突出了旅游景区的主题形象，又能促使游客在心理上形成共鸣。每年在湖南岳阳举办的国际龙舟节就是节庆营销的成功范例。两千多年前，爱国诗人屈原纵身跃进汨罗江，当地居民划船打捞。为纪念这位世界文化名人，以后每年这天，人们都要在汨罗江上举行盛大的龙舟竞赛活动，并且家家户户悬挂艾蒿，还会放雄黄炮、喝雄黄酒。此后，每年端午前后，汨罗江沿岸的居民都会自发地组织龙舟竞渡纪念屈原，当地赛龙舟的习俗一直延续到现在。自1987年起，该活动被国家旅游局确定为中国面向境外市场的23个重要节庆活动之一。国际龙舟节吸引了无数海内外游客，带动了汨罗江周边的旅游产业，产生了巨大的影响力。

（三）加强乡村旅游网络营销

政府可以通过网站、论坛、邮件等形式加大乡村旅游宣传和引导力度。调查发现，乡村旅游爱好者的年龄主要集中在25～40岁，大部分游客为中高收入的城市中产，还有部分青少年和境外游客。这个人群恰恰也是使用现代信息技术的主力军，他们使用网络的频率相当高，并且目前有越来越多的游客使用互联网查询相关信息，规划旅游活动，这为乡村旅游进行网络营销奠定了基础。

在乡村旅游网络营销中，除了要关注地市级旅游局官网建设，还要注重区县层面的旅游网站规划和建设工作。在这一方面，很多网站没有发挥应有的作用。例如，旺山村被称为"苏州最美丽的山村"，当地规划了旺山生态园，还建设了旺山生态园旅游网站。网站上展示了景区精美的图片，但也存在明显问题，如网页设计风格陈旧、信息更新慢、缺乏旅游住宿预订服务等。苏州市越溪旺山生态农庄旅游发展有限公司在经营过程中，手工劳动较多，忽视了对高科技特别是网络技术的运用，这在一定程度上阻碍了旺山乡村旅游的信息化发展趋势。

要想吸引游客，获得稳定的客源，保持乡村旅游的可持续发展，必须大力开展网络营销，建立功能齐全、内容完善、能提供全面和有效信息服务的乡村旅游网站。通过乡村旅游网站，乡村旅游景区可为游客提供全面、详细、准确、及时的旅游信息，包括旅游目的地的地理位置、旅游地农家旅馆的详细情况、旅游地的风土民情、旅游线路和报价等，满足各类旅游群体对各类信息的需要。在网站上，要将某一时段的特殊活动、节庆优惠打折信息等在明显的位置进行展示,以吸引更多游客的关注。同时,网站要及时更新信息,使之适应乡村旅游市场的不断发展和变化。以苏州西山农家乐网站为例,该网站在明显位置展示了住宿预订、西山快讯、活动线路、西山景点、洞庭特产、西山美食、西山游记、交通导航信息,以月历的形式展现不同月份的采摘活动,游客可以根据自己的实际情况选择在一年中的不同时间到西山游玩,参加自己喜爱的农事活动。网站详细介绍了所有度假村、宾馆的地理位置、周边设施、消费标准及食宿情况,还配有旅游景点地图、市内公交线路指南,还提供景点门票预定、在线客服咨询、农家饭店预定、农家别墅预订等服务。游客在网站上预付这些服务,还能享受折扣优惠。对于游客来说,这是一个全方位一站式服务网站。

目前,对于很多乡村旅游爱好者来说,重游的意愿还不是很强烈。在提高乡村旅游复游率的尝试中,利用互联网做好客户关系的联络和管理工作是一个很好的途径。成功的乡村旅游网站不能仅停留在橱窗式的展示阶段,还要向动态交互式的方向发展;不仅是发布旅游信息的渠道,而且是接受游戏反馈信息的平台,还是经营者与消费者交流的最佳渠道。游客合理的意见和建议能促进旅游服务质量的提高,从而使旅游产生良性循环效应。旅游网站可以实行会员制,会员在享受会员优惠的同时,经营者也获得了游客的姓名、年龄、性别、居住地、最喜欢的旅游项目、电子邮箱等基本信息。乡村旅游景区还可以开辟游客论坛,鼓励老游客在论坛里发布信息、交流旅游经历。这种网络口碑营销能为新游客提供参考和借鉴,促使他们产生旅游动机。

另外,乡村旅游景区的经营者还可以利用网络进行充分全面的市场调查。可在旅游网站上发布调查问卷或者通过电子邮件进行调查,与传统市场调查相比,网络调查具有省时、省力的优势。随着各地经济的蓬勃发展,乡村旅游景区接待的境外游客也越来越多。但境外游客一般只登录一些大型的知名旅游网站,因此各地市及各区县旅游局官方网站等可尝试推出多语种的内容服务,在内容方面根据不同国家和地区游客的特点进行适当的调整,使之更能为境外游客接受。

在政府加强乡村旅游宣传的同时,乡村旅游讲解员也要与景区通力合作,发挥优势,进行网络营销,共同促进营销目标的实现。

1. 建立新媒体营销渠道

在"互联网+"时代背景下,以微信公众号、微博、今日头条、抖音等自媒体为代表的各种新媒体层出不穷,其辐射范围巨大,传播消息迅速,已成为人们生活中随处可见的信息渠道。乡村旅游景区,包括乡村旅游讲解员,必须牢牢抓住这一发展机遇,利用网络自媒体加强宣传推广。乡村旅游讲解员可以建立自己的微信公众号,也可以在微博上和各种微博大V合作,发布或者转载介绍自己所在景区的旅游攻略,积累自己的粉丝。

山东:"抖"起来的好客山东攀上目的地营销"顶流"

2. 开展网络直接营销

直接营销是指旅游企业在营销过程中，不通过中间商转手，直接将旅游产品销售给消费者。网络直接营销就是旅游企业通过互联网平台，直接将旅游产品销售给游客，该过程没有第三方参与。乡村旅游景区，包括乡村旅游讲解员，可以直接运用互联网进行营销，这种营销模式大大降低了旅游营销成本，因此也能降低旅游产品的价格，通过折扣优惠吸引一部分游客。如今，网络直播和短视频已经成为网络营销的重要方式，乡村旅游讲解员可尝试利用网络直播或拍摄短视频的方式，宣传乡村旅游景区独特的风土人情，推广乡村旅游景区的特色旅游产品，吸引来自全国甚至全世界的网民。

3. 综合运用线上线下营销渠道

通常情况下，乡村旅游景区在将一种新的乡村旅游产品投入市场时，会选择与大型旅行社进行合作，利用大型旅行社的市场影响力快速打开市场。景区也可以利用互联网开展促销活动，或者直接聘请销售人员或乡村旅游讲解员进行辅助零售。例如，舟山东海大峡谷旅游景区通过和周边大型旅行社开展合作，扩大了景区的知名度，制定了产品低价优惠策略，提高了游客的消费欲望。该景区还在线上网络平台销售旅游产品，利用互联网辐射范围大、间成本低等优势，获得了充足的客源。

当旅游产品在市场中形成规模，进入成熟稳定期后，我们就可以尝试使用线上渠道进行营销推广。这一时期，产品在市场已经积累了一定的客源，具有一定的知名度。企业为了进一步控制成本，提高产品竞争力，可以采用线上销售渠道，将乡村旅游讲解员的讲解放到线上，吸引网友围观，刺激网友的旅游意愿。例如，舟山东极岛景区已经成为比较成熟的乡村旅游目的地，该景区可以建立自己的门户网站，或者与知名网络平台合作，直接面向消费者开展营销活动。

四、乡村旅游营销之推广技巧

乡村旅游景区具有得天独厚的情怀资源。乡村旅游讲解员应利用游客对乡村生活的向往之情，为游客创造积极的旅游体验，通过各种促销形式，促进乡村旅游产品的销售。

广告促销是最为有效的促销方式之一。它是企业或者个人向媒体支付一定费用，以媒体作为传播媒介，对产品进行公开宣传，并且达到触发消费者购买目标的一种促销方式。互联网、报纸、电视、杂志、影视作品等都可以成为广告促销的媒介。在"互联网＋"时代，广告促销的侧重点必须从传统广告促销向"互联网＋"广告促销转型。

（一）互联网自媒体推广

互联网自媒介发展速度迅猛，微信公众号、微博、今日头条等自媒体的影响力越来越大。乡村旅游讲解员和乡村旅游企业可以充分利用这些自媒体开展营销活动。例如，乡村旅游景区经营者和乡村旅游讲解员可以在粉丝量大的微信公众号上推送与旅游攻略相关的文章，通过图文并茂的介绍，将读者转化为游客；也可以和微博大 V 进行合作，在微博上开展转发、抽奖等活动，将一部分微博用户转化为游客。

（二）互联网电视推广

传统的有线电视已经很难吸引忠实的用户。在此背景下，互联网电视媒介现在已经有了相当可观的观众群体，使用互联网电视作为推介媒介有很大的优势。乡村旅游景区的经营者可以将乡村旅游讲解员培养成景区代言人，选择影响范围广、收视率高的网络电视频道作为目标传播媒介，如中央电视台、湖南卫视、浙江卫视等。乡村旅游企业也可以在一些收视率高的电视节目上插播广告。位于湖北十堰的武当山风景名胜区连续多年在中央电视台投放广告，使得"问道武当山，养生太极湖"的广告语家喻户晓。在各大媒体开展宣传的同时，武当山借助在景区拍摄取景的中央电视台专题栏目《味道》、电影《聂隐娘》、电视剧《潮拜武当》等，进一步宣传武当山旅游资源，取得了不错的效果。

（三）网络电子报刊推广

目前，网络电子报刊已经有了和传统报刊并架齐驱的趋势。网络电子报刊拥有价格低、获取途径多、受众范围广等优势。乡村旅游景区的经营者应加强和多种网络电子报刊的合作，充分利用网络宣传媒介的优势，加大促销和推广力度。例如，乡村旅游景区可以在网络电子报刊中与旅游相关的专栏上，不定期发布旅游咨询信息，乡村旅游讲解员也可以参与其中，结合上期从事讲解工作和对游客的了解，回答网友提出的相关问题。

（四）广播平台推广

传统的无线广播逐渐被广播平台取代。广播平台拥有数量可观的听众群体。乡村旅游景区可以利用广播电台进行推广促销。例如，中央广播电视总台音频客户端云听于 2020 年 3 月 4 日正式上线。云听布局听精品、听资讯、听广播、听电视、云听中国和云听乐龄六大业务板块，汇聚精品广播节目，持续生产文化类、知识类优质 IP 节目，有声资讯（云听资讯）和高品质有声书。乡村旅游讲解员可以在云听上现身说法，向听众介绍景区的名风名俗和特色旅游服务，将一部分听众转化为游客。

（五）网络影视平台推广

以爱奇艺、优酷、腾讯视频为首的互联网影视平台已经在人们的生活中发挥着越来越重要的作用。一些网络平台上的热播剧、热播综艺节目等吸引了无数观众充值会员。乡村旅游景区经营者可以在网络影视平台上投放广告，乡村旅游讲解员可以在广告中现身说法，通过生动形象、富有感染力的讲述吸引观众，将一部分观众转化为游客。

（六）电子明信片促销

乡村旅游景区可以选取当地有特色的景点，将这些具有代表性的景点呈现在电子明信片上，然后通过和门户网站的邮箱进行合作，以乡村旅游讲解员（乡村旅游代言人）的名义，不定时地向公众的电子邮箱发送明信片。

本章小结

本章聚焦乡村旅游讲解员的营销素养。笔者以乡村旅游市场需求分析为切入点，梳理了目前乡村旅游营销中存在的问题，并就提升乡村旅游讲解员的营销技巧提供了建议和意见。

课后小结与复习题

乡村旅游讲解员的营销素养

第十章
乡村旅游讲解员实战案例

第一节 光明村乡村旅游讲解员的销售案例分析

一、光明村概况

光明村坐落于长沙市望城区白箬铺镇西北部，西接宁乡，东临长沙，面积7.5平方公里，其中耕地3484亩，旱土1397亩，林地5886亩。金洲大道穿村而过，该村交通便利，区位优势明显。2008年9月，光明村被确定为湖南省社会主义新农村建设示范村，在省、市、区各级领导的大力支持与关怀下，在"光明蝶谷"品牌下，光明村结合地形环境、农业产业布局和项目引进情况，推出"五谷、八景"，将它们作为光明村发展乡村旅游的主要景区。2017年2月，光明村通过湖南省两型村庄标准认证，是湖南省两型示范单位、全国文明村、全国生态文化村、全国最美宜居村庄、全国特色旅游名村、湖南省新农村建设先进单位。

二、光明村乡村旅游发展模式的SWOT分析

（一）优势

光明村地理位置优越，交通网络完善，气候和自然条件良好，乡村旅游资源丰富。光明村位于湖南省长沙市望城区白箬铺镇，位于长沙河西地区。该村凭借长株潭"两型社会"综合配套改革试验区的机遇，建设了位于金洲大道的现代农业产业带。在内部交通方面，该村有直达市区和宁乡县的公交车。在外部交通方面，南北交通大动脉京珠西线高速公路临村而过。2021年，光明村附近的高铁长沙西站开工建设，预计2025年投入使用。长沙西站的建成将为光明村带来新的发展契机。

光明村属于典型的丘陵地貌，具有鲜明的自然形态和明显的景观特征。这里土

层深厚，水质好，空气质量好。另外，光明村的农耕文化对城市游客具有巨大的吸引力，城市游客能在这里亲密感受宁静轻松的田园乡村生活。金洲大道沿线风光秀丽，环境宜人，是光明村独特的自然山水风光资源，可供当地进行旅游开发。

（二）劣势

光明村在发展乡村旅游方面有优势，也有劣势。其中，劣势主要表现为专业人才短缺，基础设施落后，产品形式单一。目前，光明村旅游业的经营管理较为粗放，缺乏专业型人才。经营乡村旅游景区的大多为当地人，且绝大部分为本地村民，他们文化程度不高，缺乏专业基础知识。另外，他们服务意识较弱，政府虽支持当地发展乡村旅游产业，但未考虑当地村民的文化水平，没有提供专业的服务知识技能培训。由于缺乏专业规划和意见指导，当地村民大多选择经营农家乐，将其作为主要的旅游活动项目，不仅不能展现当地的自然美，而且片面追求规模扩张，而忽视质的提升。这造成的结果是，旅游产品同质化程度高，一些经营者只能选择打价格战。

当地的旅游基础设施也较为不足。在旅游旺季，人流量和车流量增大，交通堵塞严重，景区的车位数量严重不足。住宿条件较差，无法保证游客的舒适度。一些游客选择不在该村住宿，致使该村失去了一部分商机。

（三）机会

光明村发展乡村旅游的机会主要表现为政府主导得力，政策导向明确。政府以新农村建设为契机，大力加强光明村基础设施建设，这能从根本上改变光明村的基础设施条件，为旅游项目投资和整体景观建设奠定基础。另外，政府也投入了专项资金，用于光明村旅游业的整体规划。同时，政府还出台了相关的优惠政策，促进旅游业的发展；建立了投资促进平台，引进了农业合作项目，为光明村发展旅游业提供机遇。

（四）威胁

威胁主要表现为宣传不足，旅游产品和服务同质化严重。光明村目前主要采用的营销手段还是口碑营销和政府宣传，对网络营销运用得较少。周边地区的游客不太了解甚至不知道光明村这个旅游景点。另外，光明村与附近的旅游景点合作发展旅游产业的意愿不强烈，没有形成景点联动效应。在全国大力发展乡村旅游的背景下，如何避免"千村一面"的旅游同质化现象也是该村旅游经营者需要考虑的问题。遗憾的是，光明村的旅游经营者主要是当地村民，他们文化水平有限，资金也不充裕，这导致他们经营的农家乐基本都是提供农家饭菜，提供吃饭、唱歌、打牌、钓鱼等服务项目。这些项目并没有太多新意，未能很好地将该村的特色旅游资源与民俗风情结合起来，游客满意度不高，重游率也不高。

三、光明村乡村旅游市场营销策略

（一）产品策略

例如，为了能够更好地吸引游客前来瓜果采摘园驻足停留，光明村和乡村旅游讲解员研究探讨后，决定采用体验营销的模式。在乡村旅游讲解员的引导下，瓜果采摘园将瓜果自助采摘活动升级，一边由乡村旅游讲解员讲解关于瓜果的知识，一边请雕花师傅在游客采摘的瓜果上展示雕刻技艺，并为有需要的游客教授雕刻技巧，景区经营者只收取一定的加工费用和道具费用。另外，当地手工艺人在乡村旅游讲解员讲解的过程中，利用当地容易采集的编织草，现场制作手工艺品，供游客挑选和购买。为了让游客在等待的时候能够继续参观游览，景区经营者在瓜果园建设一个小酿酒厂，聘请乡村旅游讲解员和专业品酒师一起来讲解葡萄酒的历史、酿酒过程和品酒知识。讲解结束后，游客可以现场品尝葡萄酒，景区还为游客提供葡萄酒售卖和邮寄服务。

（二）价格策略

在为游客提供优质服务的同时，乡村旅游讲解员紧紧抓住游客的核心诉求，通过核实的价格策略促成游客消费。景区里的水果非常新鲜，而且价格实惠。景区还推出了水果优惠措施：满 50 减 5 元，满 100 减 10 元，满 50 元还赠送当地特色手工艺品 1 件，满 100 元送功夫茶 2 盒。景区在淡季和旺季采用不同的价格策略，以吸引更多的游客。

（三）渠道策略

为了提高采摘园的知名度，乡村旅游讲解员会将精美的宣传手册或宣传海报送给游客，方便游客快速浏览采摘园内的活动。景区的微信公众号每月更新内容，鼓励粉丝留言并参与获奖活动，景区还在其他新媒体平台上进行宣传推广，使更多的人知晓景区定期举办的节庆活动。一些乡村旅游讲解员充分利用网络资源，在抖音、快手等平台上传小型纪录片或宣传介绍视频，定期进行直播，吸引网民的关注。另外，景区还与美团外卖等平台合作，发展水果外卖业务。景区还加入了当地的商业联盟，联合当地有品牌影响力的酒店、旅行社共同进行宣传。

（四）促销策略

在游客入园前，乡村旅游讲解员为游客讲解当地特色水果。一旁的工作人员现场清洗、分切水果，然后将果切分发给游客。在游客采摘完毕后，工作人员为所有游客免费提供水果打包和清洗服务，针对部分游客提出的购买水果的需求，景区也提供了合理的价格和优惠措施。同时，景区为游客提供微信朋友圈集赞送水果礼的活动，例如，每位游客集18个赞，可获得葡萄酒1瓶；集28个赞，可获得手工艺品1件；集58个赞，可获得水果1斤。景区还提供会员充值服务，会员充值100元，送30元；充值200元，送100元。景区还将瓜果园的茶叶和水果进行捆绑销售，现场请茶艺师进行功夫茶表演，乡村旅游讲解员讲解当地的茶文化，请游客品尝当地新茶，刺激游客的购买欲望。

四、光明村旅游营销效果与启示

总之，光明村将当地的特色旅游资源与民俗风情结合起来，发挥当地的优势，抓住政府对乡村旅游重视和加大投入的契机，克服人才短缺、产品同质化现场严重、营销方式单一等劣势，以乡村旅游讲解员为重要力量，通过人才培养和旅游规划，进行产品的优化、拓展和创新。景区通过提供合理定价的旅游产品，采取多种营销渠道和方式，提高品牌知名度和美誉度，同时促进了相关产品的销售。这套组合拳大大提高了当地旅游产业的吸引力，体现了当地乡村旅游文化的特色，使游客拥有了不同于其他乡村旅游景区的新奇回忆。游客规模的增长提高了当地的乡村旅游收入，为村民提供了更多的就业机会，拓宽了村民的增收渠道。

第二节　以解通人——以南庄村旅游讲解员刘素珍为例

一、南庄村概况与旅游讲解员刘素珍介绍

（一）南庄村概况

巨城镇南庄村位于山西省阳泉市平定县西北部，西南与阳泉市郊区东菇村、辛庄村接壤，北部与张井村相连，东面与本镇北庄头村、卫垴村山水相连，东南跨过温河与柴家庄村相邻，总面积达16平方公里。全村有290户人家，806口人，260个劳动力，耕地面积2000亩。2019年1月，南庄村入选第七批中国历史文化名村。

巨城镇南庄村具有悠久的红色历史。抗日战争时期，平定（路北）县政府二区领导经常居住在南庄村。后来，南庄村的地下工作者被人告发，武装部指导员刘才元、青救会主任史妙笔、民兵刘保年等被害。武委会主任刘千祥在组织村民转移时牺牲。为了抵御外敌、保卫家园，军民共同修筑了一条全长4000米的地道。如今，南庄村地道历经几十年风雨侵蚀仍保存完好，成为那段历史的印证。南庄村军民为革命不怕流血牺牲的高尚品质，传遍了神州大地，南庄村也被平定人民政府誉为"小延安"。

1949年以后，在党和政府的亲切关怀下，南庄人利用当地肥沃的土地资源，在农业生产上为党和国家做出了突出贡献。如今，保护生态环境、建设和谐社会已成

为历史前进的主旋律。南庄村也积极响应号召，投入大量资金进行基础设施建设；与此同时，在精神文明建设方面，为了活跃农村文化生活，南庄村不断扩大投资规模，成立了包含100人的锣鼓队和包含40人的舞龙队，每逢农历正月十五元宵节，村民们都敲锣鼓、舞彩龙，多姿多彩的文化活动增添了节日的气氛，丰富了村民的精神生活。锣鼓队曾多次参加镇、县组织的文艺汇演和庆典活动，在平定大地上享有美名。

（二）南庄村旅游讲解员刘素珍的介绍

刘素珍成为一名讲解员，还要从2013年说起。当时，南庄村"两委"计划依托当地丰富的红色文化资源发展乡村旅游。听说村里发展乡村旅游需要一名熟悉南庄村红色历史故事、会说普通话的本村村民担任讲解员，当时在北京务工的刘素珍心动了。"我听着南庄村的故事长大，对村里的历史非常感兴趣。我挺乐意当这个讲解员的。"刘素珍说，"家里老人上了年纪，孩子也长大了，回村担任讲解员的话，我还能照顾家。和丈夫商量之后，我决定回来试一试。"如愿成为讲解员后，她经常到有关部门查阅资料，使自己更准确地掌握村史；她还去村里七八十岁的老人家中走访，听他们讲述这里曾经发生的故事，储备更多的讲解素材。每天晚上，她会把白天搜集到的资料整理好，在睡觉前把这些资料在脑海里回忆一遍。她还认真练习普通话，向专业导游学习讲解技巧。就这样，刘素珍不断提升自己，她的讲解水平越来越高，得到了越来越多游客的称赞。

二、刘素珍在讲解中运用的技巧

（一）聆听技巧

1. 会听、会看

在带领游客参观并进行讲解时，讲解员不仅要为游客进行生动的讲解，还需要时不时回答游客提出的问题。为了让游客更有参与感，也为了游客能对南庄村有更深刻的认识和了解，讲解员必须会听、会看。

2015年的一天，刘素珍和往常一样，带着几名游客参观景区。讲解过程中，细心的刘素珍通过观察游客的衣冠服饰、面部表情和体态动作，发现了一名游客的不同之处，这名游客专注的地方好像不在地道、古建筑、红色故事上，甚至不像是来旅游的。刘素珍及时与他进行沟通，希望能帮助这名游客。沟通后，刘素珍才知道，这名游客是山西省一家景区的负责人，他听说刘素珍工作敬业、讲解生动有趣，便专门到南庄村来"考察"，并提出愿意提供更高的工资，希望刘素珍去他所在的景区负责接待从阳泉市来的游客。刘素珍巧妙地将问题解决了，在摆明自己立场的同时，也没有让对方失了颜面。

2. 创造良好的聆听环境

南庄村是一个充满红色文化气息的村庄。这就意味着，南庄村要讲好红色故事，带领游客领略红色风貌，传承红色精神，这是南庄村的使命。刘素珍作为南庄村的讲解员，不仅要对南庄村的历史有全面的了解及掌握，也要具备创新能力，通过生动的讲解，让历史"活"起来。

南庄村丰富的红色旅游资源，就为刘素珍进行红色故事讲解创造了条件。在讲解中，刘素珍带游客参观真实存在的抗战遗址，感悟革命先辈英勇奋斗、团结一心的精神风貌。她通过绘声绘色、生动形象的讲解，牢牢地抓住游客的心，吸引游客继续聆听。

3. 鼓励游客提问，让聆听更加有效

刘素珍带领游客参观南庄村路北政府窑洞时，并不是在参观伊始就为游客进行讲解。她进行了提问："各位游客朋友，请仔细看看哪儿还有不同之处。"经过她的引导，有游客发现了隐藏在柜子后面的一个里间，这就是地道口。这种探索让游客有了很强的参与感，也让讲解不再那么刻板。又比如，在带领游客去看地道中的枪眼（射击孔）时，她问游客："请大家看看这是什么？"很多游客思考片刻，忍不住猜测一番。最后，刘素珍做出解释，告诉游客这是地下工作者引诱敌人进入地道后向敌人射击的孔。这种提问增强了游客的参与感，鼓励游客积极思考探究，在一定程度上加深了游客的印象。

（二）沟通技巧

1. 确保讲解内容的正确性

就刘素珍本人而言，她对于南庄村的历史有深入的了解，在讲解中能确保内容的正确性。有一次，游客跟随刘素珍在地道里参观，经过几个岔路口后，大家回到原地，很多游客感到很惊讶，此时，刘素珍告诉大家，这些地道都是相互连通的。还有一次，有一位游客对村民院墙上的石头很感兴趣，他不理解为什么村民要在院墙上放石头，就问道："大姐，这些碎石是做什么用的？"刘素珍就面带微笑地为游客进行解释："这些是鹅卵石，鹅卵石是圆形的，表面很光滑，可以用来防盗。当有人从院墙翻进院子时，这些光滑的鹅卵石就会掉落，这个声音能引起主人的警觉，掉落的鹅卵石也会砸到那些不怀好意的人。"刘素珍能抓住游客比较感兴趣的话题进行解释，不会显得突兀或刻意，也能让讲解更具幽默感。

2. 提高语言的情感性

在讲解的过程中，讲解员要做到心中有情、说话动情、与人共情，用生动的语言将游客带入情境中。刘素珍作为一名优秀的讲解员，更是很好地做到了这一点。在刘素珍的介绍中，她成为南庄村的讲解员，是因为她内心深处充满了对家乡的热爱之情，也充满了对革命先烈的敬佩之情。或许，正是因为心中有情，她才能在讲解的时候做到说话动情，引发游客的共鸣。

3. 使用身体语言沟通技巧

（1）良好的面部表情。

刘素珍在为游客讲解的过程中，脸上自始至终都挂着笑容。良好的面部表情让她在讲解过程中显得更加和蔼可亲，让游客能够感受来自讲解员的善意，这在无形之中拉近了刘素珍和游客之间的距离，营造了和谐的讲解氛围。

（2）恰当的身体动作。

例如，刘素珍在引导游客进入地道后，会给游客提示，让游客选择一条地道进行体验，到了岔路口，刘素珍有时会用肢体语言询问游客选择走哪一条地道。

（3）适度的空间距离。

在纪录片《古村地下城》中，我们可以清楚地看到，刘素珍在为游客进行讲解时，她与游客之间始终都保持着合适的距离，该靠近时靠近，该远离时远离，始终使游客感受到一种舒适自在的氛围。

（三）引导技巧

近年来，南庄村先后被评为中国传统村落、中国历史文化名村、山西省AAA级乡村旅游示范村。来南庄村寻访红色遗迹、聆听红色故事、感受红色精神的游客越来越多。有的游客对地道很好奇，刘素珍就带领游客体验四通八达的地道；有的游客对红色故事、红色精神感兴趣，刘素珍就凭借着脑子里丰富的红色文化知识储备，为游客进行讲解。

要想成为一名像刘素珍一样优秀的乡村旅游讲解员，我们除了要从多个方面做出努力，在工作中积累丰富的经验，还要参加系统的培训。最重要的一点是，我们要加强自身素养，提升讲解技巧，努力成为一名合格的乡村旅游讲解员。

三、我们从中得到的启示

南庄村只是乡村旅游中的一个案例，刘素珍也只是众多乡村旅游讲解员中的一个个体。南庄村的发展和刘素珍的成长反映了我国乡村旅游产业的现状。

乡村是具有自然、社会、经济特征的地域综合体，兼具生产、生活、生态、文化等多重功能，与城镇互促互进、共生共存，共同构成人类活动的主要空间。乡村兴则国家兴，乡村衰则国家衰。我国人民日益增长的美好生活需要和不平衡不充分的发展之间的矛盾在乡村最为突出，我国仍处于并将长期处于社会主义初级阶段。这一点在乡村表现得很明显。

党的十九大报告提出实施乡村振兴战略，强调坚持农业农村优先发展。2018年中央一号文件对坚持农业农村优先发展提出了原则要求，2019年中央一号文件做出了系统全面部署。在实施乡村振兴战略时，要坚持农民主体地位，坚持人与自然和谐共生，坚持因地制宜、循序渐进。为响应国家号召以及乡村发展的需求，全国各地充分开发、利用自身的优势，在人与自然和谐相处的基础上建立产业链，带动乡村经济的发展。

南庄村有悠久的红色历史，蕴含着优秀的红色精神，同时也具备发展红色旅游的条件。因此，南庄村成为红色旅游景点也是水到渠成的事情。作为一个充满红色文化底蕴的乡村，如果没有当地人的口口相传，那些革命先烈英勇抗战的故事或许会被埋没，就算被开发出来，也只是一个有着抗战遗址的乡村，缺少了文化精髓与灵魂。刘素珍作为当地土生土长的村民，花费大量时间与精力，全方位了解南庄村的历史，整理出了很多宝贵的资料。优秀的讲解员能为整个乡村旅游景点增色不少。

南庄村的乡村旅游产业虽然逐渐发展起来了，但是优秀的讲解员并不多。这一方面是因为讲解员工作难度大、任务重，很多讲解员在从事讲解工作一段时间后纷纷选择转行；另一方面，乡村旅游讲解员的培训体系并不完善，讲解员很难在讲解质量上获得提升。因此，培养优秀的讲解员成了乡村旅游发展中的一个难题，还需要我们不断进行思考与探索。

产业是乡村振兴的核心载体。各地的资源不同，产业融合的路径也不一样。南庄村因地制宜，打造"一村一品"，形成了独具特色的融合发展模式。从南庄村的发展中我们可以体会到，农村产业发展需要依托资源，但不能依赖资源。乡村发展需要多元化，发展旅游只是其中的一种，要想获得长远的发展，就必须深入发掘当地的文化特色以及文化产品，重视产业链和价值链的拓展，实现产业的深度融合，提升乡村产品的附加值，增强乡村产业的抗风险能力，使乡村展现出旺盛的生命力。

本章小结

本章分为两个部分。第一部分结合光明村的案例，通过 SWOT 分析，梳理光明村发展旅游面临的优势、劣势、机会和威胁，并提出了具有针对性的旅游市场营销策略。第二部分结合山西省阳泉市巨城镇南庄村乡村旅游讲解员刘素珍的案例，分析了刘素珍在讲解中运用的技巧，并从中得出启示。

课后小结与复习题

乡村旅游讲解员实战案例

参考文献

[1] 北京市旅游业培训考试中心. 乡村旅游行业管理［M］. 北京：旅游教育出版社，2014.

[2] 曾光华，陈贞吟，饶怡云. 旅游营销［M］. 北京：经济管理出版社，2015.

[3] 李爱华，段云鹏. 旅游法规与实务［M］. 北京：清华大学出版社，2020.

[4] 四川旅游培训中心. 乡村旅游 多业融合——台湾之"石"与大陆之"玉"［M］. 北京：中国旅游出版社，2020.

[5] 王成慧. 旅游营销案例［M］. 天津：南开大学出版社，2016.

[6] 肖君泽. 农家旅游服务员培训教程［M］. 北京：中国农业大学出版社，2017.

[7] 谢玲玲. 旅游文化［M］. 北京：贵州大学出版社，2019.

[8] 杨雅蓉. 高端商务礼仪：快速成为职场沟通达人［M］. 北京：化学工业出版社，2021.

与本书配套的二维码资源使用说明

本书部分课程及与纸质教材配套数字资源以二维码链接的形式呈现。利用手机微信扫码成功后提示微信登录，授权后进入注册页面，填写注册信息。按照提示输入手机号码，点击获取手机验证码，稍等片刻收到4位数的验证码短信，在提示位置输入验证码成功，再设置密码，选择相应专业，点击"立即注册"，注册成功。（若手机已经注册，则在"注册"页面底部选择"已有账号？立即注册"，进入"账号绑定"页面，直接输入手机号和密码登录。）接着按提示输入学习码，需刮开教材封面防伪涂层，输入13位学习码（正版图书拥有的一次性使用学习码），输入正确后提示绑定成功，即可查看二维码数字资源。手机第一次登录查看资源成功以后，再次使用二维码资源时，只需在微信端扫码即可登录进入查看。